JN083018

わかる！ 取り組む！

新・災害と防災

4 豪雨・台風

帝国書院

はじめに

　2011年3月、東日本を大きな地震と津波が襲い、東北地方の太平洋沿岸部は壊滅的な被害を受け、多くの犠牲者を出しました。日本ではその後もさまざまな自然災害が発生しましたが、近年においても平成30年7月豪雨(2018年)、令和元年東日本台風(2019年)、令和2年7月豪雨(2020年)など、毎年のように大きな水害が発生しています。また、冬期には交通機関がストップするような大雪があり、気象災害は激しさを増しています。そして南海トラフ巨大地震や首都直下地震など、遠くない将来に発生が心配される大きな地震や津波もあります。この本の発刊直前には、令和6年能登半島地震(2024年)が発生しました。

　私たちが暮らす日本では、これまでも大きな自然災害の発生と被害からの復興を繰り返しながら生活してきました。もはや、自然災害は自分には関係ないこととはいえず、いつか起こることとして考えるべき状況といえるでしょう。では、災害が起こったときにどうしたら生きのびることができるでしょうか。被害を最小限にとどめることができるのでしょうか。もし本当に災害にあってしまったら、私たちはどうしたらよいのでしょうか。

　古来、日本人がどのように自然災害と向き合い、乗り越えてきたのかを先人から学ぶことは、その手がかりの一つとなることでしょう。しかし、科学技術がどれほど発達しても、災害を引き起こす自然現象を正確に予知することは難しく、ましてやそうした自然現象自体を止めることは不可能です。この事実を受け止めたとき、重要なのは私たち一人ひとりの考えと行動です。今回新たに発行された『わかる！ 取り組む！ 新・災害と防災』は、過去に起こった災害の記憶や教訓を風化させることなく、読者のみなさんが「自分ごと」として取り組むことを目指しています。自然災害を正しく理解し、みなさん一人ひとりの防災に対する見方・考え方を育んでほしいと願っています。

　さあ、私たちの未来のためにページをめくってみましょう。

2024年1月　帝国書院編集部

2

本書の使い方

本の構成

$$\boxed{基 \ 礎} \rightarrow \boxed{事 \ 例} \rightarrow \boxed{対 \ 策}$$

災害が起こるしくみを
わかりやすく解説しています。

どのような災害・被害が起こったのか、
具体的に紹介しています。

災害からの被害を防ぐにはどうすればよ
いか、解説しています。また、各地で行
われている実践例も紹介しています。

ページの構成

災害のようすを
表すわかりやす
い写真などを掲
載しています。

本文に関する
地図や図版を
多数掲載して
います。

災害を実際に体
験した方々の話
を「体験者の声」
として紹介して
います。
ほかにも歴史や
教訓を紹介する
コラムを多数掲
載しています。

関連するページ
が書いてありま
す。あわせて読
んでみましょう。

その他

クローズアップ

災害を乗りこえてきた人々
の具体的な生活や活動を
紹介しています。

アクティビティ

本巻で得た知識をもとに
して実際に災害が起こった
ことを想定し、自分ならそ
のときどのような行動をと
るか作業をしながら考える
ページです。

「クロスロード」に
挑戦！
災害時、判断が
分かれる場面で
自分ならどう行
動するのか考え
てみましょう。

もくじ

※各ページの「ここも見てみよう」の 用 は用語解説を参照。

『新・災害と防災』　ほかの巻のもくじ

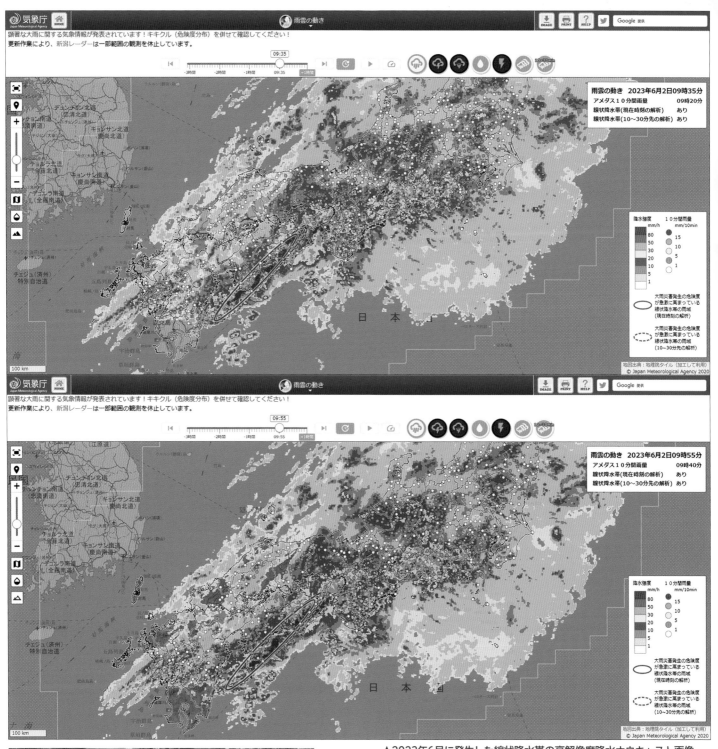

▲2023年6月に発生した線状降水帯の高解像度降水ナウキャスト画像
（上）9時35分（下）9時55分〈気象庁資料〉

◀平成30年7月豪雨で発生した線状降水帯による大雨で冠水した町から自衛隊に救助される人々（岡山県 倉敷市真備町 2018年）

近年増えている
線状降水帯による被害
せんじょうこうすいたい

▲令和2年7月豪雨により決壊した球磨川と浸水した人吉市の市街地(熊本県 2020年)

▶当時の線状降水帯の3時間雨量図

〈気象庁資料〉

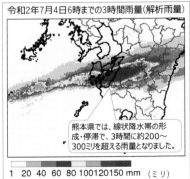

令和2年7月4日6時までの3時間雨量(解析雨量)

熊本県では、線状降水帯の形成・停滞で、3時間に約200～300ミリを超える雨量となりました。

1 20 40 60 80 100120150 mm （ミリ）

④上空の風により積乱雲が線状に並ぶ

大気の状態が不安定になり積乱雲が発生 ③

②局地的な前線や山などの地形の影響により上昇

①大量の暖かく湿った空気が流入

⑤線状の強い降水域ができる

▲線状降水帯のしくみ図

ここも見てみよう　線状降水帯➡ p.15、26、52用、
降水ナウキャスト➡ p.34－35、51用、平成30年7月豪雨➡ p.24－25、36－37

変化に富む日本の気候

▲初夏 5月(左)と冬 1月(右)の嵐山(京都府 京都市)

はっきりした四季の変化

日本では、料理や生け花、手紙の時候のあいさつなど、日々の生活のなかで四季の変化を大切にしてきました。写真の京都・嵐山も、四季折々に大きく景色を変えていきます。こうした豊かな季節の変化をもたらす日本の気候には、どのような特徴があるのでしょうか。

熱帯には一年中暑くて雨が多い地域と、雨季と乾季のある地域があります。乾燥帯では一年中降雨が少なく、植物もあまり生えません。亜寒帯(冷帯)では夏は短く冬が長くなります。寒帯には一年中雪と氷に覆われる地域もあります。

これに対して日本が位置する温帯では、四季の変化がはっきりしている地域が多くなります。大陸西岸の地中海性気候では夏に天気がよく、乾燥します。年間を通じて降雨がみられる地域も多い一方、日本や周辺の中国・韓国などでは、梅雨や台風の影響を受けて夏に雨が多くなります。

日本の気候は、本州・九州・四国の大部分が季節変化のはっきりしている温帯、北海道と本州の高山地域が亜寒帯(冷帯)に属し、初夏の梅雨や秋の台風の季節もある

ので、世界のなかでも季節感が極めて豊かです。そのうえ周辺を海に囲まれ、急峻な地形をもっているため、地域による違いも大きく、気候は変化に富んでいます。

▲日本の気候区分図

▲雪かきをする人(北海道 札幌市 1月)

▲国際通りの観光客(沖縄県 那覇市 1月)

六つの地域に分けられる気候の特徴

　南北に長い日本の気候は、北と南とでは大きく異なります。1月の月平均気温は、緯度が低く海に囲まれた沖縄県の那覇市では17.3℃であるのに対し、緯度が高くて昼が短く、シベリアからの寒気団の影響も大きい北海道の札幌市では−3.2℃と20℃以上も違います。また、日本列島の背骨のようにのびている山脈や山地と季節風の影響により、日本海側と太平洋側では雪や雨の量が大きく違います。日本海側の上越市(高田)では1月の降水量が430mm近くあるのに対し、太平洋側の銚子市では105mmほどで、積雪もほとんどありません。日本の気候を細かく見ると、六つの気候区に分けることができます。

　北海道の気候は緯度が高いため全般的に冷涼で、特に冬の寒さが厳しいです。このため北海道の家では、玄関や窓を二重にして暖房設備を完備するなど、冬の寒さに対するさまざまな工夫がされています。夏には内陸部や日本海側では気温が高くなりやすく、近年は最高気温が30℃を超える日も多くなってきたものの、本州以南ほどの猛暑はありません。はっきりとした梅雨がなく、台風の襲来もまれで、1年を通して降水量は少なめです。

　本州の日本海側の気候は、日本海をわたってくる冬の季節風の影響で、冬に雪が多く降ります。春になるとこれらの雪は雪どけ水となって川に流れ込み、農業や工業、飲料水などの大事な水資源となります。夏には梅雨の影響を受けて降水量が多くなります。また、湿った風が山地を越えるときに高温の乾燥した風になるフェーン現象による高温がもたらされることもあります。

　本州・四国・九州の太平洋側の気候は、冬に季節風による雲を山地がさえぎるため、雪や雨が少なく乾燥します。南部では氷点下に下がることもなく、豊富な日照を生かしたビニールハウスの促成栽培が行われています。日本の大都市の多くが、この気候区に位置しています。夏や秋には、梅雨や台風・秋雨によって降水量が多くなります。

　内陸の気候は、太平洋、日本海いずれからも離れ、また山脈や山地でこれらの海から隔てられていることもあり、雨や雪の量が比較的少なく、夏と冬の気温の差、昼と夜の気温の差が大きくなります。標高が高い中央高地では、夏が冷涼なため、避暑地となったり、高原野菜の生産が行われたりしています。

　瀬戸内の気候は、冬の季節風が中国山地に、夏の梅雨前線や台風に伴う風が四国山地や九州山地にさえぎられるため、一年中温暖で降水量が比較的少なくなります。干ばつによる被害も多く、昔からため池をつくるなどの対策がなされてきました。

　南西諸島の気候は、暖流の流れる海に囲まれているため、冬も比較的温暖で、年間を通して降水量が多く、初夏の梅雨と夏から秋にかけての台風による降水が特に多くの降水をもたらします。温暖な気候を生かして、パイナップル、さとうきび、花卉や野菜などの栽培がさかんです。台風の雨が少ない年には干ばつ被害に見舞われることもあります。

基礎

ここも見てみよう　季節風➡p.10、51用、日本海側の気候➡5巻 p.29、梅雨前線➡p.15、52用

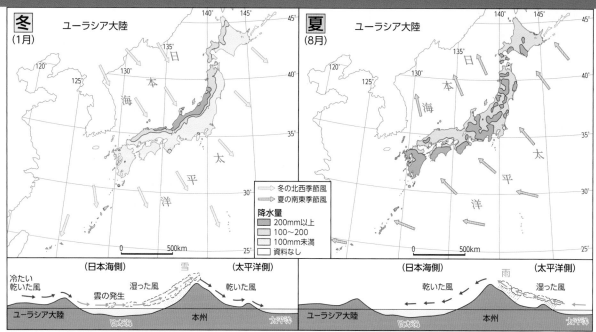

四季に影響を与える季節風と海流

季節によって変化する風と雨

　温帯や亜寒帯（冷帯）地域の南部では、年によるずれはあっても毎年必ず四季はめぐってきます。日本では、冬の季節風による日本海側の降雪、初夏の梅雨や晩夏から秋にかけての台風や秋雨と、雨や雪の多い季節があり、季節変化がよりはっきりとしています。冬と夏とで風向きがほぼ反対になる季節風の影響もあって、明瞭な季節変化がみられることが日本の気候の大きな特徴です。

　冬にはユーラシア大陸東北部のシベリア付近が北半球で最も寒くなります。強い冷却を受けた空気は重いために気圧が高くなり、シベリア高気圧が発達します。ここから太平洋北部の低気圧に向かって北西の季節風が吹き、日本に寒い冬をもたらします。北西の季節風は大陸上では乾燥した寒気ですが、暖かい対馬海流が流れる日本海上で、海から蒸発した水蒸気を大量に含み、筋状に並ぶ雲をつくり出して日本にやってきます。これらの雲が日本列島の山地にぶつかると、日本海側では大量の雪や雨が降るのに対し、山地を越えた太平洋側では、乾燥した風となってよく晴れます。冬の北関東地方に吹く乾燥した「からっ風」は、このような季節風の代表的なもので、山地の両側にきわだった気候の違いをもたらします。

　春になると大陸が暖かくなって、シベリア高気圧は弱まり、日本では西方から移動してくる低気圧の影響で、時どき雨が降るようになります。この頃には、田おこしや田植えなど、稲作の準備が始まります。春から夏に移る際には、北の冷たい空気と南の暖かい空気とがぶつかるところにできる梅雨前線が長雨をもたらします。5月半ば頃の沖縄の梅雨入りから、各地でおよそ1か月の間、雨が多くなる季節（梅雨）が、梅雨前線の移動とともに南から北へと移っていき、梅雨前線が北海道まで北上する7月下旬頃まで続きます。梅雨前線の周辺では、しばしば集中豪雨が発生します。この時期の大量の雨は災害であると同時に、農業や生活用水のためには貴重なもので、雨が少ないと夏の渇水につながるおそれがあります。

　梅雨が明けた後は、日本の南海上にある太平洋高気圧からの暖かく湿った風の影響を受ける夏になります。夏の高温は、農作物の生育を助けるうえで大切なものですが、近年は猛暑による農作物の被害や熱中症の増加などの問題も大きくなってきています。この頃、太平洋高気圧の南では、台風が発生するようになり、8月半ば頃からしばしば日本にも接近し大雨をもたらします。9月になると秋雨前線による雨も加わり、東日本では1年で最も雨が多い季節となります。収穫直前の稲や農産物が、台風の影

響を受けて不作になることもあります。

10月半ばを過ぎると大陸からの高気圧の影響が強くなり、紅葉も見頃となる秋晴れの季節になっていき、しだいに秋が深まって冬へと季節は移っていきます。

気候に影響を与える海流

日本は四方を海に囲まれていて、おもに四つの海流がそのまわりを流れています。海流とは、決まった方向に向かって長時間にわたって流れる大規模な海水の流れを指します。東北地方以南の太平洋沖には、暖流の黒潮(日本海流)が南から流れています。九州で西に分かれた流れは、対馬海峡を経て日本海へと流れる対馬海流となって、北海道まで達しています。一方、太平洋側の北海道から東北の三陸沖にかけては、寒流である親潮(千島海流)が流れています。日本海側のサハリンから北海道沖、本州沖にかけては、リマン海流が流れています。

暖流の黒潮が流れる太平洋の沿岸地域では、冬でも比較的温暖です。関東地方の太平洋沖では、黒潮と親潮がぶつかり両方の影響を受けるため、千葉県の銚子周辺では、夏涼しく冬に暖かい気候となります。

対馬海流が流れる日本海側は、比較的暖かい海面から大量の水蒸気がもたらされて雪雲をつくるため、冬に大量の降雪があるほか、東北地方や北海道では同じ緯度の太平洋側に比べて夏の気温が高くなっています。オホーツク海や北太平洋の冷たい親潮の上では、春から夏にかけては霧が発生することが多く、北海道東部の根室や釧路周辺などに海霧をもたらします。東北地方の太平洋側

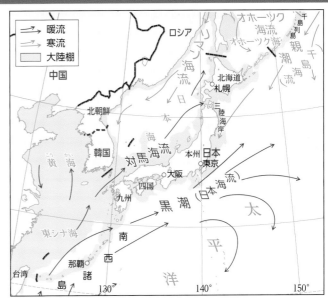

▲日本をとりまく海と海流

では、夏に親潮の上を「やませ」とよばれる冷たい北東風が吹くことがあり、低温や低日照をもたらします。「やませ」が夏のあいだじゅう吹き続けると、高温が必要な稲のみのりが悪くなり、冷害が発生することがあります。

黒潮と親潮のぶつかるところは、潮目(潮境)とよばれます。ここでは、水面近くまで栄養の豊富な海水がわき上がるため、魚の えさ となるプランクトンが大量に発生し、よい漁場となっています。かつおなどの回遊魚は、海流とともに泳いでおり、春から初夏は、黒潮にのって太平洋を北上し、秋から初冬は親潮とともに南下していきます。それらは、それぞれ「初がつお」「戻りがつお」とよばれ、季節を感じさせる魚となっています。近年では黒潮が夏に三陸沖まで北上する年もあり、日本周辺の海でも海水温が高くなり、漁業にも影響が出てきています。

航空機が利用するジェット気流

日本付近の上空には1年を通じて偏西風が吹いており、そのなかのジェット気流では風速が時速300kmを超えることもある。このため冬に東京からハワイに飛ぶ飛行機は、約7時間で着くのに対し、帰りは9時間半ほどかかる。夏にはジェット気流が弱くなるため、往路は30分程度遅く、帰路は1時間以上速くなる。また上空ほど風速が大きいので、飛行高度やルートをつねに調整して、より速く飛べるように工夫をしている。

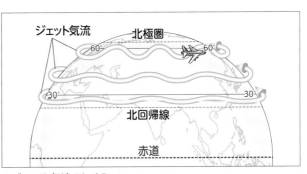

▲ジェット気流のしくみ

ここも見てみよう　気圧➡p.51用、季節風➡p.8-9、51用、梅雨前線➡p.15、52用、からっ風➡5巻 p.29、30、
雪雲➡5巻 p.29、31、32

基礎

日本の生活・文化と自然災害

▲開放的なつくりの家
（山口県 萩市 旧田中別邸）

気候を生かした人々の暮らし

　鎌倉時代に吉田兼好によって書かれた随筆集『徒然草』には、「家のつくりは夏をもってむねとすべし」の一文があります。これは、家を建てるのであれば、蒸し暑い夏の気候に対応したつくりにした方がよい、という内容で、日本の伝統的な家屋はそのようにつくられてきました。例えば、かわら屋根や広い軒は夏の暑い日ざしをさえぎり、壁が少なく開放的な縁側は、風通しをよくして室温を下げる効果があります。室内でも障子やふすまなどの引き戸を開け放つことで、外に向けて開けた空間にすることができます。他方で冬の防寒対策としては、北海道では二重窓や暖房設備などをほどこしているものの、他の地域では室内の保温が十分でない場合が多くみられます。

　さらに各地には、地域の気候に合わせて進化した家のつくりの工夫がみられます。例えば台風の多い沖縄や奄美大島では、強い雨や風を避けるための石垣が低い屋根や家を取り囲んでつくられています。日本海側の山間部で
は、冬の大量の積雪に耐える太い梁や、雪を落としやすくするための急な勾配をもった屋根がつくられ、関東平野など冬に風の強いところでは、家のまわりの北側を中心に防風林をめぐらせています。さらに家を建てる材料に木や土、竹などを多く使うのも特徴的です。これらの建材は簡単に手に入れることができるため、自然災害などの被害を受けても、容易に修理、補修することができます。

▲白川郷の合掌づくりの家（岐阜県 白川村）

▲球磨川の氾濫により水没した村(熊本県 球磨村 2020年7月)

▲屋根の雪をおろす人々(新潟県 十日町市 2018年1月)

また、日本の伝統的な衣服として着物がありますが、同じように気候に対応して、直線的でゆとりのある構造上の涼しさや、季節によって生地や裏地を変える素材の工夫がみられます。着物の生地や裏地の仕立て方は、季節によって決められています。そのため季節の変わり目には、衣服を入れ替える「衣替え」の習慣があり、これは着物を着なくなった現代の生活でも、上着の生地や裏地の有無、着脱などに残っています。

自然災害と生活の変化

温帯にありながらも冬には亜寒帯(冷帯)のシベリアからの寒気、夏には熱帯で発生する台風の影響を受ける日本では、さまざまな風水害が発生するおそれがあります。

冬の日本海側の豪雪は、交通障害や雪の重みによる家屋の倒壊、集落の孤立などを起こすことがあります。また山岳地域では、なだれ による被害も起こります。雪に慣れていない太平洋側での降雪は、少ない積雪でも鉄道や道路の寸断を引き起こします。その後の冬から春にかけては、急速に発達する低気圧による強風や突風が起こり、家屋の倒壊や漁船の遭難などをもたらします。初夏には梅雨前線の周辺で、九州や西日本を中心にしばしば集中豪雨が発生し、崖崩れや洪水などの水害をもたらします。夏から秋にかけては、熱帯海域で発生した台風が、北上して日本列島に接近、上陸することが多くなります。台風による雨は長期間にわたって続くことが多く、しばしば田畑の浸水などの豪雨被害をもたらします。また強風

による家屋の倒壊や倒木、果実の落下などの被害も生じます。湾となって奥まっている海岸部に台風が近づくと、気圧の低下と風の吹き寄せによって高潮が発生し、堤防を越えて海水が入り、大きな被害をもたらすことがあります。このほかにも竜巻などの突風被害や、雷雨なども局地的被害をもたらすことがあります。多くの雷は夏に発生しますが、日本海側の地方では冬にも発生します。

近年、自然災害の発生回数は増加し、時代による日本人の暮らし方の変化が、その傾向に関係しているという考え方があります。伝統的な暮らしでは、過去に自然災害が起きたような山のふもとや、低湿地だったところに家を建てることは避けていました。しかし大都市に人口が集中してくると、周辺では住宅用地の不足のために、こうした災害の危険が高い地域にも、家が多く建てられるようになりました。また、木材や土など自然の素材で囲まれていた住宅や河川の堤防などが、堅牢ではあるが水を通さないコンクリートや鉄骨などの人工の素材に変わりました。これまで、自然災害でたびたび壊されることを前提に、自然に寄り添ってきた人々の生活は、いつしか自然の脅威を感じさせない人工的なものに変わったといえます。しかしこれらの堅牢な人工物も、ひとたびその許容範囲を超えた自然の力を受けると、より甚大な被害を起こします。私たちが自然の脅威を正しく知り、自然とうまく調和して生活していくことが、自然災害の被害を弱めることにつながるかもしれません。

ここも見てみよう　台風➡ p.16－17、日本海側の豪雪➡ 5巻 p.33、太平洋側の降雪➡ 5巻 p.34－35、気圧➡ p.51 用、竜巻➡ 5巻 p.22－27

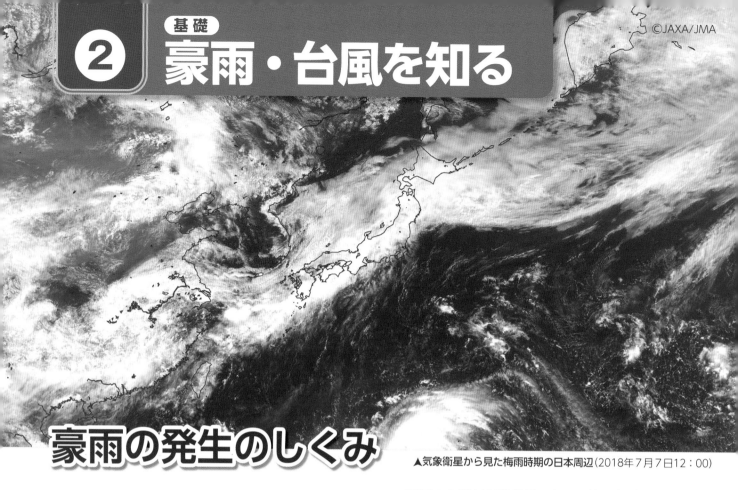

©JAXA/JMA

豪雨の発生のしくみ

▲気象衛星から見た梅雨時期の日本周辺(2018年7月7日12：00)

豪雨はなぜ起こるのか

　地球を宇宙からながめると、その半分ぐらいがいつも雲に覆われていることが分かります。熱帯を除いてその多くは層状に広がる薄い雲で、災害を発生させるほどの強い雨をもたらすものではありません。豪雨とは災害をもたらす大雨のことで、極端な場合は1時間あたりの雨量が100mmを超えることがあります。このような豪雨は積乱雲という特別な雲によってもたらされます。積乱雲は入道雲ともよばれ、地上から対流圏上端まで鉛直方向にのびる雲です。右の図は発達する積乱雲の様子で、中心付近では豪雨が発生しています。雲は対流圏上端にまで達していて、テーブル状のかなとこ雲が広がっています。雲のもととなる水蒸気は地表面に近いほど多いので、積乱雲は大気下層に広がる水蒸気をかき集めて上空に持ち上げることで雨を降らせる、大気のポンプのようなものといえます。

　下層の水蒸気が積乱雲によって持ち上げられると、目に見えないほどの小さな水滴(雲粒)になります。夏であれば、高度4〜5km以上で雲内の気温は0℃より低くなり、氷の粒子(氷晶)が形成されます。氷晶は成長して雪片やあられが形成されます。強大な積乱雲ではひょうに成長することもあります。あられや雪片は0℃以上の下層でとけて、大粒の雨になり大雨がもたらされます。多くの積乱雲の寿命は1時間たらずですが、積乱雲は一つだけできるよりは多数で群れをなして発生することが一般的です。この積乱雲の群れがある場所に停滞したり、持続したりすると集中豪雨になるわけです。

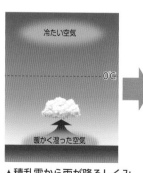

冷たい空気
0℃
暖かく湿った空気

雪
あられ
0℃
雨粒

▲積乱雲から雨が降るしくみ

日本で豪雨が発生するしくみ

　豪雨は、大気下層に多量の水蒸気が流れ込むところで発生します。ユーラシア大陸の東に位置する日本の場合、いくつかの特徴的な気象に伴ってそのような多量の水蒸気の流れ込みが起こります。その代表的なものの一つが、初夏と秋に悪天候をもたらす梅雨前線と秋雨前線です。これらは暖かく湿った太平洋上の気団と北側の冷たい気団の間に形成されるので、前線の南側から大量の水蒸気が流れ込み、梅雨前線や秋雨前線の周辺やその南側で積乱雲の集団（積乱雲群）が形成されます。積乱雲群が列を成すものを線状降水帯とよびます。個々の積乱雲の寿命は1時間たらずですが、線状降水帯の風上でつぎつぎと積乱雲が発生し、発達しながら線状降水帯に沿って風下に移動することで、線状降水帯は長時間にわたって停滞し、大規模な水害をもたらす豪雨を発生させます。このような線状降水帯の発生メカニズムを、バックビルディングとよびます。梅雨前線や秋雨前線に沿って、しばしばこのようなバックビルディング型の線状降水帯が発生して豪雨をもたらします。

　豪雨をもたらす気象に、温帯低気圧があります。温帯低気圧は南側の暖気と北側の寒気の間に形成される大規模な低気圧ですが、低気圧の中心の南側では多量の水蒸気が流れ込みます。特に北側から入り込む寒気が南側の暖気を持ち上げる寒冷前線の近くは、対流活動が活発でしばしば豪雨が発生します。寒冷前線は低気圧の中心から遠方までのびることがあり、それに沿って広範囲で豪

▲激しく降る雨のなかを歩く人々（東京都 渋谷区 2022年8月）

ここも見てみよう　積乱雲➡ p.52用、氷晶➡ 5巻 p.28、梅雨前線➡ p.10、52用、秋雨前線➡ p.10、
線状降水帯➡ p.6−7、26、52用、スパイラルレインバンド➡ p.51用

雷の発生と被害

　高度十数kmに達する積乱雲では、その上半分以上は夏でも氷点下になる。そこでは強い上昇流によって形成される氷晶やあられなどの粒子が、プラスまたはマイナスの電気をもつ。積乱雲の上部にはプラスの電気をおびた氷晶が、中層付近にはマイナスの電気をおびたあられなどが集まる傾向があり、その結果、雲の上部はプラス、中層付近にはマイナスの電気がたまる。雷はこれらの電気がある量以上になったときに起こる放電現象である。特に地面との間で起こるものを落雷とよぶ。雷は非常に大きな電流なので、落雷は人命の損失、家屋や送電線の破壊、さらに家電や電子機器の損壊などの甚大な被害をもたらす。

プラスの電気
積乱雲
マイナスの電気
地面

▲雷が起きるしくみ

雨が発生することがあります。寒冷前線付近の積乱雲は竜巻を伴うことがあり、特に注意が必要です。

　台風もしばしば豪雨をもたらします。台風の目を取り囲む「目の壁雲」と、スパイラルレインバンドとよばれるらせん状の降雨帯は特に強い雨をもたらします。これらが通過するときは暴風とともに非常に強い雨が降り、場合によっては一つの台風でダムがいっぱいになるほどの雨をもたらすことがあります。気をつけるべき点としては台風から数百〜千km離れた場所でも、豪雨が発生する場合があることです。台風の東側は特に多量の水蒸気の流れ込み（大気の河）が発生し、それに伴って台風の中心から離れたところでも豪雨が発生することがあります。日本付近の場合、しばしば台風が梅雨前線や秋雨前線と連動して豪雨が発生します。また、台風が温帯低気圧に変わるときにも豪雨が発生することがあるので、そのようなときは注意が必要です。

台風の発生のしくみ

▲台風による強風で波が打ちつける防波堤（福島県 いわき市 2016年8月）

台風はなぜ起こるのか

　平安時代に書かれた「春はあけぼの」で始まる『枕草子』に、「野分のまたの日こそ」という随筆があります。この野分とは台風のことで、『枕草子』に出てくるほど日本人は古くから台風の大きな影響を受けて暮らしてきました。台風とは北太平洋西部と南シナ海に発生する熱帯低気圧のことで、地上風速が毎秒約17m以上のものをいいます。台風と同様の熱帯低気圧には、北太平洋東部と北大西洋に発生するハリケーン、インド洋と南太平洋に発生するサイクロンがあります。これらはよび方が違うだけで、同じ熱帯低気圧です。台風などの熱帯低気圧は海面水温が26〜27℃以上の海洋上で発生しますが、地球上で最も海面水温が高い北太平洋西部に発生する台風は、発生する数が地球上で最多で強さも最大です。日本が昔から毎年のように台風の影響を受けるのは、北太平洋の西端という日本の地理的な位置によるのです。

　では台風は、どのように発生するのでしょう

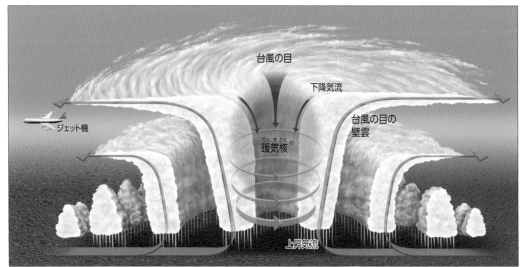

台風の目

下降気流

台風の目の壁雲

暖気核※

ジェット機

上昇気流

▲台風のしくみ

※台風の強度を決める

か。例えば、みそ汁の入った椀を静かに置いておくと、わき上がってはその周囲で沈み込んでいくみその動き（対流）を見ることができます。宇宙から地球を見ると同じような動きが北太平洋西部の熱帯で活発に起こり、積乱雲が発生していることが分かります。椀のなかの対流がみそを上向きに運ぶように、積乱雲は大気下層の空気と水蒸気を上空に運び、雲を生成します。積乱雲の集団がどんどんと下層の空気を上層に運ぶところでは、それを補うように周囲から風が流れ込みます。やがてその風はうずを巻きはじめ、台風になります。左下の図に示すように発達すると台風の中心には「目」が形成され、その周辺には雲が壁のようにそそり立つ「目の壁雲」が形成されます。目に向かって吹き込もうとする風は、地球の自転によって北半球では右側にそれてしまい、少しずつしか中心に向かえません。このため台風は、北半球では反時計回りのうずになり、南半球では反対に時計回りになります。

また台風は、暖かい海の上でしか発生しません。それは台風のエネルギーが、海から蒸発した水蒸気だからです。「目の壁雲」で持ち上げられる水蒸気は、雲になる（凝結する）とき多量の熱を発生します。台風を自動車にたとえると、水蒸気はガソリン、台風の目はエンジンになります。車のエンジンと同様に、台風の目にも効率のよいものと悪いものがあり、効率のよい目をもつ台風はどんどん発達して、強い台風になることができます。車ではたくさんのガソリンを入れるほど速く走れるように、そのような台風ではどんどん水蒸気が目に入り、台風は発達していきます。「スーパー台風」とよばれる地球上で最も強い階級の台風は、台風のなかでも効率のよい目をもち、最も多くの水蒸気を利用しているのです。

スーパー台風とは何か

台風の強さは防災上重要な情報なので、強度によって台風の階級が決められています。「スーパー台風」というのはアメリカ合衆国の合同台風警報センターが定める台風の最強の階級で、最大地上風速が1分間の平均で毎秒67m以上のものです。これは日本の気象庁の最強クラスの台風の「猛烈な台風」より強く、ハリケーンの最強クラスとほぼ同じになります。2013年11月に、フィリピンに「ハイエン」という

スーパー台風が上陸しました。上陸時の中心気圧は895ヘクトパスカルで、7000人を超える犠牲者が出て、被害額は800億円を超えました。最大瞬間風速は毎秒90m以上で、風による家屋の倒壊だけでなく、大規模な高潮によりフィリピンのレイテ島では甚大な被害が発生しました。

スーパー台風は特殊な台風ではなく、毎年、いくつかの台風はスーパー台風になります。2016年の1号と14号はスーパー台風で、台湾に大きな被害をもたらしました。1959年に東海地方で5000人を超える犠牲者を出した伊勢湾台風は、上陸の少し前まではスーパー台風でした。台風の記録の残る1951年以降では、1979年の台風20号が中心気圧870ヘクトパスカルを北緯16度付近で記録しました。このスーパー台風が、ハリケーンやサイクロンを含めて地球上で発生する熱帯低気圧としては最も低い中心気圧を記録した台風です。1951〜2022年の72年間で1881個の台風が発生しています。このうち900ヘクトパスカル未満の台風は37個、920ヘクトパスカル以下の台風は214個あり、これらはスーパー台風と考えられます。各年何個の台風がスーパー台風に発達するのかはよく分かっていません。

2022年の時点でスーパー台風が日本に上陸したという記録はありませんが、地球温暖化により台風が強大化して日本でも上陸する危険度が増大しています。海外でもスーパー台風はまれにしか上陸しませんが、いったん上陸すると、その強風と豪雨さらに高潮・高波によって、甚大な被害がもたらされるので、防災上最も注意が必要な台風です。

▲史上最大級の台風30号、スーパー台風「ハイエン」（2013年11月）

ここも見てみよう　ハリケーン、サイクロン➡p.32−33、積乱雲➡p.14−15、23、52用、気圧➡p.51用、伊勢湾台風➡p.28−29、地球温暖化➡p.22−23

雨と風によるさまざまな災害

▲堤防が決壊し水に浸った住宅地
（長野県 長野市 2019年）

洪水はどのようにして起こるか

　上の写真は2019年10月に、「令和元年東日本台風」（台風第19号）により長野県長野市の千曲川の堤防が壊れて、住宅地が水に浸かった様子です。洪水は多くの場合、通常の降水量を超えた大雨によって起こり、その発生のしかたは川や地形によって大きく変わります。例えば、アメリカ合衆国のミシシッピ川のように平坦な大陸を流れる河川の場合には、たとえ弱い雨でも、長時間続くことにより水位がじわじわと上昇して洪水になることがあります。これに対して険しい山の多い日本の場合には、短時間に降る多量の雨で、急激に水位が上昇して洪水が発生します。このような豪雨が、台風や低気圧・前線などに伴って長時間続くと、山間部では急な斜面に多量の雨が降って地盤がゆるみ、地すべりや土石流が発生することがあります。

　日本では、特に梅雨前線や台風がもたらす豪雨によって、洪水が毎年のように発生します。2015年9月に発生した鬼怒川の洪水では、積乱雲が線状に並ぶ線状降水帯による豪雨で鬼怒川の堤防が決壊し、増水した川の水が堤防の外に流れ出して洪水になりました。このような洪水を外水氾濫とよびます。これに対して川に流れ込むはずの水が、多量の降水によって人の住む地域であふれて洪水になることを、内水氾濫とよびます。2000年9月の東海地方の水害では、両方が同時に発生して名古屋市を中心に広域が浸水する大きな災害になりました。

　こうした洪水から身を守るには、自治体が作成するハザードマップをよく理解して自分がいる地域の危険度を知り、さらに災害時にはどこに避難すればよいかを日常から考えておくことが重要です。ただし、ハザードマップがすべての水害を予想しているわけではありません。例えば身近な小さな川でも、予想外の洪水となることがあります。2008年7月28日、神戸市の都賀川という小さな川で発生した洪水がその例です。この日、都賀川ではわずか10分もかからずに1m以上水位が上昇したため、川で遊んでいた約50人が流され5人が亡くなりました。これはその上流で

▲さまざまな水害・強風の被害

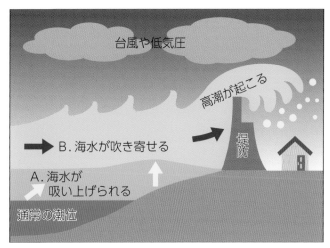

▲高潮発生のしくみ

発生した積乱雲により、突然の出水が起こったためです。こうしたいわゆる鉄砲水のような洪水から身を守るためには、集中豪雨をはじめとする気象への注意が重要です。

台風による強風と高潮

　台風に伴う強風によって、さまざまな被害が生じます。風速は、台風の「目の壁雲」付近が最も大きく、そこから遠ざかるほど小さくなります。気象庁の台風情報では、10分間の平均風速が毎秒25m以上の範囲を「暴風域」、毎秒15m以上の範囲を「強風域」といいます。台風の大きさを表現する場合には、この強風域の半径を使います。ただし台風に伴う強風はそのまわりに一様に吹いているのではなく、台風の進行方向に対して右側半分は、風がより強く「危険半円」とよばれます。一方で左側は相対的に弱く「可航半円」とよばれます。また、台風のなかには竜巻を伴うものがあり、目の近くの暴風域よりむしろ周辺部の台風の風が弱いところで発生します。このため台風の中心が遠くにあっても、竜巻の発生による突風災害が発生することがあるので注意が必要です。

　台風に伴う強風によって生じるもう一つの災害に、高潮があります。強風により発生する大きな波である高波と異なり、高潮とは台風によって海岸付近で海面が異常に高くなることです。高潮も津波と同じように防潮堤を破壊したり、海底の大きな岩を陸に持ち上げたりすることが

あり、非常に危険なものです。高潮はいくつかの要因が複雑にからみ合って発生します。その一つは台風の中心付近の低い気圧によって海面がもり上がることです。もう一つは、強風により海水が海岸に吹き寄せられて海面が高くなることです。さらに台風の移動速度、湾の形、海底の地形などによっても高潮の高さは変わります。おおまかにいうと、風速が2倍になると高潮の高さは4倍になるといわれています。このため風の予測は高潮の予測にとって最も重要です。高潮の発生しやすい地域では、台風の勢力を見極め、その進路にも注意することが特に必要です。

災害をもたらす春一番

　強風をもたらすのは、台風などの熱帯低気圧だけではない。中緯度に発生する温帯低気圧のなかには、急速に発達し暴風をもたらすものがある。冬から春に変わる頃日本付近では寒気と暖気がせめぎ合い、急速に低気圧が発達して、その南側では暖かい強風が吹くことがある。立春から春分の間に広い範囲で吹くこのような強風を、春一番とよぶ。長崎県壱岐市郷ノ浦町にある「春一番の碑」は、江戸時代末期のこの強風による海難事故の記憶を伝え、そのような悲劇が再び起こらないことを祈るものである。春一番の本来の意味は春の使者のようなおだやかなものではなく、大きな災害を引き起こす危険でおそろしい嵐の名前なのである。

ここも見てみよう　令和元年東日本台風➡p.25、線状降水帯➡p.6-7、15、26、52用、外水氾濫➡p.43、内水氾濫➡p.43、52用、ハザードマップ➡p.36-37、52用、都賀川➡p.44、高潮➡p.28-29、52用

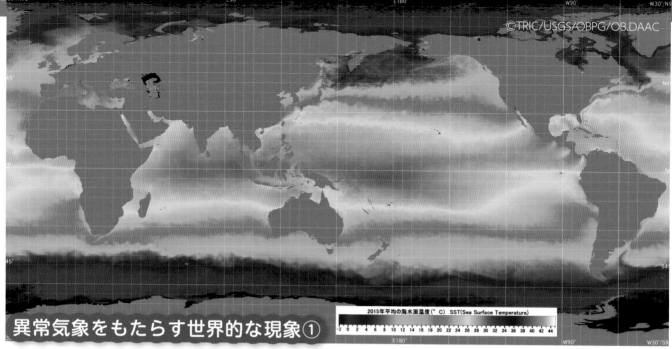

2015年平均の海水面温度(°C) SST(Sea Surface Temperature)

-2 0 2 4 6 8 10 12 14 16 18 20 22 24 26 28 30 32 34 36 38 40 42 44

異常気象をもたらす世界的な現象①
エルニーニョ・ラニーニャ現象

▲エルニーニョ現象時の年平均海面水温の分布(2015年)

エルニーニョ・ラニーニャ現象のしくみ

　気象衛星で地球の雲を見ると、熱帯の太平洋西部では、もくもくと積乱雲が活発に発生していることが分かります。この地域は地球上で最も暖かい海域で、海から多量の熱と水蒸気が大気に与えられて、活発な雲の活動が起こっています。低い緯度の地域で恒常的に吹く大規模な東風を偏東風といいますが、熱帯の太平洋西部の海域が暖かいのは、この偏東風が暖かい赤道付近の海水を西に吹き寄せるからです。その海水を補うように、太平洋の東部の海域や南アメリカのペルーやエクアドルの沿岸では深い海から冷たい海水がわき上がり、熱帯の太平洋東部の海域は低温になっています。

　何かのきっかけで赤道付近の偏東風が弱まると、偏東風により西に吹き寄せられていた暖かい海水は東に広がり、太平洋東部では冷たい海水のわき上がりも弱まります。その結果、熱帯の太平洋中央部付近からペルー沖の表層の海水の温度が平年より高くなります。この状態が半年から1年半ほど続く海洋の大きな変動を、エルニーニョ現象とよびます。これとは逆に偏東風が通常より強く、冷たい海水のわき上がりがより強くなることで、同じ海域の表層の海水の温度が平年より低い状態が続くことを、ラニー

ニャ現象といいます。エルニーニョがスペイン語で男の子を意味するので、その反対ということで、女の子を意味するラニーニャという言葉が使われるようになりました。

　平常時には、熱帯の太平洋西部は活発な上昇流とともに低気圧になります。一方、東部は冷たい海水温と下降流により高気圧になります。エルニーニョ現象が発生すると、太平洋西部の広い領域で地上の気圧が高くなり、太平洋東部では低くなります。この変動は南方振動とよばれ、エルニーニョ現象とは別に南太平洋領域で発見されましたが、その後エルニーニョ現象と密接に関係していることが分かりました。現在では、これらは一体となって変動する、大気と海洋のそれぞれの側面と考えられるようになり、エルニーニョ・南方振動とよばれます。これは大気と海洋が連動して起こる現象です。

日本と世界の気象への影響

　日本のはるか南方のフィリピンやインドネシア付近の雲の活動が、日本の天候を決めているというと皆さんは驚くかもしれません。通常は太平洋西部の暖かい海上で活発に雲が発生していますが、エルニーニョ現象が発生すると、暖かい海水が東へ移動し、活発な雲の発生も東に移動します。それに応じて、地球全体の大気の動きが

通常と異なったものになります。このため、エルニーニョ現象は、地球上のさまざまな地域に異常な天候をもたらし、大規模な災害をひき起こすことがあります。

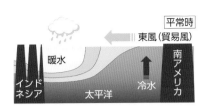

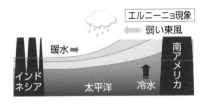

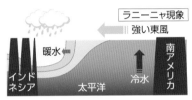

▲エルニーニョ・ラニーニャ現象のしくみ

エルニーニョ現象が発生すると、日本では夏の太平洋高気圧があまり強くならず、冷夏になります。一方、冬は西高東低の気圧配置が弱くなって暖冬になります。もちろん天候はエルニーニョ現象だけが決めるのではないので、おおまかにこのような傾向があると考えてください。雨については、夏に西日本の日本海側で増える傾向があります。例えば2009年の夏に発生したエルニーニョ現象の影響で、北日本などは降水量が多く、気象庁が「平成21年7月中国・九州北部豪雨」と命名した豪雨も発生しました。このとき九州北部では19日から26日の8日間で最大総雨量が700mmを超え、36人の死者と多数の家屋の全壊や浸水が発生するなどの大災害となりました。

ラニーニャ現象の場合は、逆に日本の夏はより暑くなり、冬はより寒くなる傾向があります。例えば2010年の夏、日本では1898年以降で6～8月の平均気温が最も高い記録的猛暑になりましたが、その要因は2010年春にエルニーニョ現象が終息し、続いて夏にラニーニャ現象が発生したことと考えられています。また、2005年の秋に発生したラニーニャ現象でその年の冬が寒冬となり、2006年2月5日に新潟県津南町で最大記録の416cmを記録するなど、多くの地点で積雪の最大記録を更新しました。この冬の豪雪では152人の死者をはじめとして、家屋の損壊など多くの災害が発生し、「平成18年豪雪」と命名されました。

災害は、いつもと違う天候が原因となって発生します。

▲平成21年7月中国・九州北部豪雨で冠水した水田（福岡県 飯塚市 2009年）

ふだん雨の少ないところに大雨が降ったり、いつもは涼しいところが高温になったりすることが災害につながります。エルニーニョ・ラニーニャ現象は、まさにそのような異常な天候をもたらします。これは日本だけでなく、世界各地で起こります。エルニーニョ現象でペルー沖の漁業が壊滅したり、少雨でオーストラリアの小麦が不作になったり、東南アジアでは干ばつにより森林資源が減少することなどによって、世界経済にまで影響することもあるのです。

「エルニーニョ」と「エルニーニョ現象」

南アメリカのペルー沖の海は、栄養に富む冷たい海水がわき上がるため、プランクトンが多く発生し、それを食べる魚が集まって世界的にも豊かな漁場となっている。この海域では、昔から毎年年末頃になると、海の温度が上昇し魚がとれなくなる。このような季節的に海が暖かくなる現象を、地元の漁師たちはクリスマスに関連づけて、幼い子イエス・キリストを意味する「エルニーニョ」とよんでいる。エルニーニョは冬の数か月間で終わり、春になるとまた海水温が低下する。しかし、数年～十年ぐらいに一度、この海水温の上昇が異常に発達して1年以上も続くことがある。そうなるとカタクチイワシなどの寒流にすむ魚は激減し、漁業は壊滅的になる。近年の観測から、これはペルー沖の局地的な現象ではなく、太平洋の熱帯域全体にわたる大規模なものであることがわかった。この大規模現象は、「エルニーニョ」と区別して「エルニーニョ現象」とよばれるようになった。

ここも見てみよう｜異常気象、気圧➡p.51用、積乱雲➡p.14-15、23、52用

基礎

異常気象をもたらす世界的な現象②
地球温暖化の進行

▲地中からしみ出した海水で冠水した広場(ツバル フナフティ 2014年)

人間の活動によって引き起こされた気候変動

　南太平洋のツバルは、標高が平均1〜2mしかない小さな島国ですが、首都のフナフティでは、潮の満ち引きが大きい大潮の時期に、海水が地面からしみ出して水浸しになることがあります。これも、地球温暖化の影響の一つといわれています。

　地球温暖化とは、地球全体の平均気温が上昇することをいいます。1880〜2012年の間に、世界の陸地の平均気温は0.85℃上昇しましたが、今後さらに上昇し、21世紀末には今より2〜3℃上昇すると予想されています。地球の長い歴史のなかで気候はゆるやかに暖かくなったり、寒くなったりして、今よりももっと暖かい時期もありました。しかしこの地球温暖化の問題で重要なことは、地球の平均気温が何度になるかということよりも、平均気温の上昇が、これまでに地球が経験したことがないほど急激であるということです。

　もし大気がなければ、地球の地表面の平均温度は−18℃くらいになります。多くの生命が生息できる気温に地球があるのは、大気の温室効果によって地表面付近が暖かい状態に保たれているからです。つまり大気が温室のような働きで、熱を逃げにくくしており、こうした働きのある二酸化炭素などの気体の割合が多いほど、温室効果は強くなります。二酸化炭素のもととなる炭素は、石油・石炭・天然ガスとして地中に埋まっています。人間はそれらを発電や工場、自動車の燃料としてエネルギーを得るとともに、大気中に二酸化炭素を排出してきました。現在大気中の二酸化炭素の濃度は増加の一途をたどっていて、過去80万年で最高の値になっています。二酸化炭素のほかにメタンや一酸化二窒素などを含めて、温室効果ガスといいます。地球温暖化が進んでいるのは、大気中の温室効果ガスの濃度を人間が増やし続けているためです。

世界と日本で起きていること

　温暖化による気温の上昇は、どこでも同じように起きているのではありません。低緯度よりも高緯度、特に北極圏などの方が大きくなります。日本の年平均気温は1898〜2022年の間で100年あたり1.3℃上昇しており、これは世界平均を上回っています。気温の上昇とともに

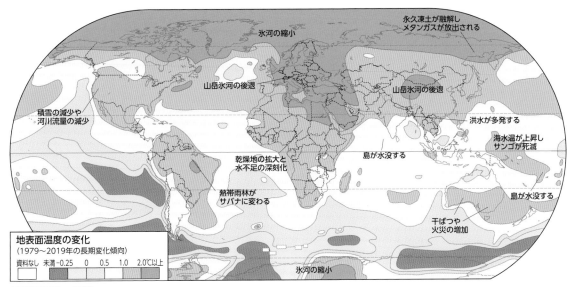

▲地球温暖化の影響〈NASA資料、ほか〉

地表面温度の変化
(1979〜2019年の長期変化傾向)

資料なし　未満-0.25　0　0.5　1.0　2.0℃以上

永久凍土が融解し
メタンガスが放出される

氷河の縮小

山岳氷河の後退

山岳氷河の後退

洪水が多発する

海水温が上昇し
サンゴが死滅

積雪の減少や
河川流量の減少

乾燥地の拡大と
水不足の深刻化

島が水没する

島が水没する

熱帯雨林が
サバナに変わる

干ばつや
火災の増加

氷河の縮小

基礎

問題となるのは、大気中に含まれる水蒸気も増加することです。それにより積乱雲がより強いものになり、雨はより集中して豪雨となります。実際、日本では1時間あたり80mm以上の強い雨が増えています。また、積乱雲の強大化により、竜巻が将来日本でも増加するという予想もあります。

温度が上昇するのは大気だけではなく、海洋でも上昇しています。特に日本周辺の海面水温の上昇率は、世界全体の平均より大きくなっています。台風は暖かい海上で発生するため、海面水温の上昇や水蒸気の増加により、上陸する台風の強度が増加していることや、さらに将来は台風の最大強度が増大することが予想されています。すなわち、地球温暖化とともに豪雨や台風などがより強くなるといわれています。

さらに海水温が上昇すると、海水は膨張する性質があるので、これに陸上の氷がとけることが加わって、海面水位が上昇します。海に面した平野や太平洋のサンゴ礁でできた島国の多くは低地なので、将来海面下になってしまうと予想されています。また、二酸化炭素の増加とともに海洋は酸性化していきます。海の酸性化が進んだり、水温が上昇したりすることは、魚などの生物に大きな影響を与え、水産資源の減少や分布の変化が起こります。

地球温暖化は、二酸化炭素などの温室効果ガスの増加によって起こります。しかし温室効果ガスをまったく排出しないようにすることは不可能なので、今後ますます地球温暖化は進むと考えられます。その結果、水資源や農業、水産資源などが大きく影響を受け、ある地域だけでなく世界の経済や政治にも影響することが予想されます。地球温暖化の対策には、温室効果ガスの排出を削減するなどの温暖化の進行を遅らせるもの(緩和策)と、気候の変化に合わせて人間の生活を変えるもの(適応策)があります。これらを長期的に考え実行していくことが、今後の世界を生きる人々にとって不可欠となります。

 気候変動に関する
政府間パネル(IPCC)

地球温暖化はより正しくは気候変動という。このような全世界的な問題では、場合によっては国の存亡にも関わる問題なので、それぞれの国が自国に有利な意見を主張する傾向にある。そこで世界の研究者の研究成果を集約し、現在の科学のレベルで最も正しいと考えられる事実だけを集めて世界に提言する組織が「気候変動に関する政府間パネル」(IPCC)である。IPCCは1988年に設立された国連の組織で、5〜6年ごとに気候変動に関して包括的な報告書を公表している。2023年現在、気候変動の自然科学的根拠については2021年に公表された第6次報告書が最新で、気候変動の根拠として、これが最も信頼できるといわれている。

ここも見てみよう　異常気象、温室効果ガス➡p.51用、積乱雲➡p.14−15、52用、台風➡p.16−17、気候変動➡p.42−43、51用

倉敷市真備町(小田川)・長野市(千曲川)

事例1

広い範囲での 記録的な大雨による水害

▲大雨により浸水した真備町
（岡山県 倉敷市 2018年7月）

中小河川の水害

2018年6月末から7月初旬にかけて、前線や台風の影響により日本付近に暖かく非常に湿った空気が流れ込み、西日本を中心に広い範囲で記録的な大雨となりました（「平成30年7月豪雨」）。多くの観測地点で24、48、72時間降水量の値が観測史上1位となりました。この大雨について気象庁は、岐阜県、京都府、兵庫県、岡山県、鳥取県、広島県、愛媛県、高知県、福岡県、佐賀県、長崎県の1府10県に特別警報を発表し、最大限の警戒をするようよびかけました。

この大雨で、岡山県倉敷市真備町では中小河川の堤防が決壊して広い範囲が水に浸かり、多くの人が逃げ遅れてしまいました。真備町は倉敷市のベッドタウンとして、水田だった土地が急速に宅地化されたところで、低い土地に河川が多いため浸水被害が広がったと考えられます。倉敷市の中心部には高梁川という大きな川が流れていますが、真備町には、高梁川に注ぐ小田川などの中小河川が流れています。大雨が続いたため、7月6日の昼頃から高齢者などに避難がよびかけられ、夜遅くには真備地区の全域に避難指示が出されました。しかし、夜遅く大雨のなか、避難場所まで避難した人は少なく、多くの人が自宅にとどまっていました。

7月7日の午前0時30分頃、ついに小田川があふれ出し、堤防が数か所で決壊しました。小田川は高梁川に注ぐ川ですが、高梁川の方が水位が高く、小田川の水が出ていくことができなくなってしまい、あふれてしまいました（バックウォーター現象）。小田川以外にもほかの中小河川が皆同じ状況で、真備地区では広い範囲で家の2階まで水に浸かってしまいました。幼稚園、小・中・高等学校、病院、図書館などの公共の施設も2階まで水が来てしまい、家にとどまっていた多くの人は、逃げ場を失いました。その結果、消防や自衛隊に救助された人は2000人以上になり、お年寄りを中心に、多くの人が逃げることができずに亡くなりました。

真備町は戦後の開発により多くの住宅がつくられるようになり、井原鉄道という新しい鉄道もできました。山陽道の高梁川の渡し場であった川辺という集落は堤防に囲

推定最大浸水深
□ 0m
▨ 1m
▨ 2m
▨ 3m
▨ 4m
■ 5m
✕ 決壊
✕ 法崩れ
✕ 越水

〈国土地理院 平成30年7月豪雨による浸水推定段彩図より作成〉

▲平成30年7月豪雨による倉敷市真備町周辺浸水推定段彩図

まれた輪中でしたが、それ以外は一面の水田地帯だったのです。新しくできた町に移り住んだ人々は水害の経験がなく、いつ避難したらいいか迷っているうちに間に合わなくなったのかもしれません。

　水害の後、倉敷市真備町の復興計画では、堤防の強化、防災公園の整備、河川カメラによる監視などを決めましたが、住民のなかにはハザードマップを見たことがない人、見たけれど避難しなかった人も多くいたことが分かりました。ハザードマップの浸水予測範囲は実際の浸水範囲とほとんど同じでした。しかし、避難指示があっても実際に避難をするのは一人ひとりの判断です。今回の災害の経験を生かして、自然災害について学び、自分から行動して助け合い、災害に強いまちをつくるための協力が必要ではないでしょうか。

千曲川の水害

　平成30年7月豪雨災害の翌年、今度は大型の台風が東日本の広い範囲に記録的な大雨による災害をもたらしました。2019年10月6日に発生した台風19号は、猛烈な台風に発達した後、伊豆半島に上陸して関東地方を横断しました（「令和元年東日本台風」）。10月10日から13日にかけて各地で降水量が観測史上1位となり、記録的な強風や高波も観測されました。

　長野県の千曲川、埼玉県の荒川の支流、茨城県の那珂川と久慈川、福島県・宮城県の阿武隈川などの大きな川の堤防が壊れて水があふれ、広い範囲で水害になりました。

　信濃川は日本一長い川で、上流の長野県では「千曲川」、下流の新潟県では「信濃川」とよばれています。長野県の長野市内で千曲川の堤防が決壊し、大量の水があふれ出しました。決壊した場所の近くでは水の勢いで家が壊されたり、りんご畑が土砂で埋まったりしました。

　川沿いのりんご畑のあるところは、昔から洪水のときにあふれた水の運んだ土砂がたまってできる「自然堤防」という少し高い土地です。一方、川から離れたところは土砂は少なく水がたまる地形で、「後背湿地」や「後背低地」とよばれています。そのため、自然堤防はりんご畑や家の集まる集落に、後背湿地は水田に利用されてきました。千曲川から離れたところにある北陸新幹線の車両基地も、もとは後背湿地の水田だったところで、車両基地をつくるために盛り土をしたのですが、洪水は盛り土の高さを超えて新幹線の車両の半分くらいまで及び、下の写真に写っている車両は水浸しになり、すべて使えなくなってしまいました。

　堤防の決壊による被害は大変大きかったのですが、もとから自然堤防だったところでは土砂がたまって小高い地形のため水没をまぬがれ、後背湿地だったところでは水がたまってしまったという自然の働きの繰り返しがみられたともいえます。今後、気候変動が進み、洪水がますます激しくなるかもしれません。そのときに堤防を高くするだけではなく、どのような工夫をすればよいか皆で考える必要があります。

▲浸水した北陸新幹線の車両基地（長野県 長野市 2019年10月）

🔍ここも見てみよう　平成30年7月豪雨➡ p.6、36−37、ハザードマップ➡ p.36−37、52🈟、令和元年東日本台風➡ p.18、自然堤防、後背湿地➡ p.39、51🈟、盛り土➡ 5巻 p.44🈟

事例2 **茨城県常総市(鬼怒川)**
繰り返し発生した水害

▲決壊する堤防(茨城県 常総市 2015年9月)

線状降水帯による大雨

　2015年9月、台風18号や低気圧の影響で関東地方から東北地方にかけて大雨が降り続き、栃木県と茨城県を流れる鬼怒川沿いでは強い雨が同じ地域に降り続く「線状降水帯」が発生して、鬼怒川の水があふれたり堤防が決壊したりして多くの人が避難する災害となりました(「平成27年9月関東・東北豪雨」)。

　茨城県常総市では鬼怒川の水があふれ出したところと堤防が決壊したところからの水がまわりへ広がって常総市の中心部を襲い、市役所も水に浸かってしまいました。市内では浸水の深さが2m以上になったところもあり、水がひくのに10日もかかりました。上流で大雨が降ると、川に水が集まり水かさが増えるので、鬼怒川の上流には水をためるダムがつくられ、下流には増水に備えて低いところに堤防がつくられていました。このときも巨大な四つのダムが、合計約1億㎥(東京ドーム約80個分)もの水をためて、下流の増水をおさえようとしていました。しかし、強い雨が同じ地域に降り続く線状降水帯により、ついに下流の常総市など7か所であふれはじめました。

　常総市若宮戸付近では、9月10日の朝、川沿いにソーラーパネルを設置していたところから水があふれ出しました。若宮戸付近には鬼怒川が運んできた多量の砂が冬の季節風で吹き上げられてつくられた「河畔砂丘」という自然の高まりがありました。しかし、ソーラーパネルのところでは、砂丘が削り取られて低くなっていたために、水があふれ出してしまったのだと考えられます。

　常総市上三坂では、堤防の上を水があふれ出し、10日の12時50分頃、堤防が決壊してしまいました。堤防が崩れたところをさらに水が強い勢いで流れるため、地面がえぐられて(押堀)、まわりの家も流されてしまいました。決壊した場所から少し離れた場所でも、家の2階まで水が押しよせ、逃げられなくなった人々が屋根の上から

▲鬼怒川の周辺地図

湯西川ダム
五十里ダム
川俣ダム　川治ダム
群馬県
栃木県
茨城県
鬼怒川
小貝川
常総市
埼玉県
太平洋
江戸川
利根川
東京都　0　50km　千葉県
鬼怒川の流域

▲ヘリコプターで救助される人（茨城県 常総市 2015年9月）

ヘリコプターで救助されました。あふれた水は川へは戻らず、そのまま下流の町の方へ広がってゆきました。常総市は、この鬼怒川と小貝川という二つの川の間に広がり、全体に土地が低いところです。常総市全体の面積の約3分の1が浸水し、逃げ遅れて救助された人は4000人以上にもなりました。

一般的に夜中に洪水になり車も使えない場合は、避難場所には歩いて行くしかありません。しかし、停電で暗いなか水のなかを歩くのは大変危険です。すでに避難場所へ行くのが間に合わない時は、近くのビルや建物の2階以上に逃げることも必要です。常総市でも同じような場面になりましたが、多くの人々が自宅から逃げられず、消防や自衛隊などの救助を待つことになってしまいました。

■ 忘れられていた水害への備え

常総市は1986年に、市の東側を流れる小貝川が台風による大雨で堤防が決壊して、大きな水害に見舞われました。このように常総市がある鬼怒川と小貝川の間は、もともと洪水の被害を受けやすい土地だったのです。けれども、近代化に伴い川に人工的な堤防やダムがつくられて洪水の被害が少なくなりました。道路や鉄道ができて

生活も便利になり、川沿いの地域でも、台風で大雨が降ったときに洪水の心配をする人はごく一部となりました。昔は、「水防活動」といって地元の人たちが台風のときに堤防の見回りをしたり、川の水があふれそうなところに土のうを積んだり、大雨で危険なときには一緒に避難をしたりするしくみがありました。しかし最近では、以前ほどさかんに活動が行われなくなりました。また、都市部などでは住民の結びつきが弱くなり、近所にお年寄りや助けが必要な人がいても、どのように一緒に避難すればよいか、あらかじめ住民が災害に備えて話し合う機会も少なくなりました。

近年は台風や豪雨が激しさを増しており、台風や大雨でこれまでにないほどに川の水が増えた時、水害が発生するかもしれないという意識を持つことが必要になっています。しばらく洪水や水害がなかったから大丈夫だとは思わずに、過去の洪水の記録や洪水ハザードマップなどを活用して、学校や家が浸水しやすい場所なのか、危険なときはどこへ避難すればいいのか、家族や学校で話し合うことが大切です。

 体験者の声

思いがけない洪水

9月10日の午前0時頃に市の広報車がまわり、避難するようにとの指示がありました。母と二人暮らしだったため、まずは身の安全を確保することを最優先に考え、すぐに車で数km離れた小学校に避難しました。30年前に鬼怒川と並行して流れる小貝川の下流で洪水があったことは覚えていましたが、実際に避難しているときでさえ、洪水がくることに半信半疑でした。避難所はすぐにいっぱいになり、後から来た人たちが行った別の避難所は洪水で孤立してしまったようです。6時頃に堤防が決壊し、昼頃には避難所の近くまで水がきました。翌日状況確認のために自宅に帰ると、床上70cmまで浸水しており泥だらけで呆然としました。結局、テレビも冷蔵庫も家具も水に浸かったものはほとんどすべて捨てました。私たちは1か月くらい避難所で寝泊りをしていましたが、家は床や壁の修復工事が必要で、最終的に完成したのは12月の初旬でした。

（常総市 女性）

事例3 伊勢湾台風
台風と高潮の被害

▲浸水した工業地帯（愛知県 名古屋市港区 1959年9月）

悪条件が重なって発生した高潮

　日本三大都市圏の一つである愛知県名古屋市の南には、太平洋に向けて広がる伊勢湾があり、その北側には木曽川・長良川・揖斐川が土砂を運んでつくった濃尾平野が広がっています。この濃尾平野の伊勢湾に面した地域は、低く平らな三角州となっていて、活発な地下水のくみ上げが行われたために地盤沈下が発生し、海面下の土地が広がっています。このような低い土地は堤防によって守られていましたが、強大な台風によって著しい高潮が発生

体験者の声 間一髪で助かった

　とにかく雨・風・雷がすごく、雨戸やガラスが外れそうなくらい。「堤防が切れた、逃げろ！」と言われ、皆で裏口から出たが、流木や倒木で2、3ｍ先の堤防へ上がれず、すぐに水かさが増え立ち泳ぎで家に戻った。祖母の言うままに、壁づたいに泳いで階段まで行き、2階へ上がって家族全員の無事を確認した直後、階段の落ちる音がした。もう2、3分遅かったら、誰かが犠牲になっていただろう。
（木曽岬町自宅で被災　男性　当時14歳）

し、多大な被害が発生しました。

　1959年9月に太平洋西部で発生した熱帯低気圧はしだいに勢力を増し、半径300kmもの暴風域をもつ超大型台風に発達しました。のちに「伊勢湾台風」と名づけられたこの台風は紀伊半島南部で日本列島に上陸した後、さらに伊勢湾の西側を北東に向けて進みました。一般に台風の中心に近い部分では気圧が低いために海面がすい上げられて高くなり、強い風によって海水が吹き寄せられて高潮が発生します。また、台風の進行方向右側は特に風が強く、湾の奥では海面の上昇が著しくなり、さらに、伊勢湾やその奥の名古屋港などでは台風の通過がちょうど満潮の時期にあたっていたため、伊勢湾台風は最悪の条件で襲来したのでした。その結果、顕著な高潮が発生し、強い波によって各所で堤防が破壊されてしまいました。

　濃尾平野南部や臨海部の低い土地には海水が流れ込み、約300km²にわたって広い範囲が水面下となりました。多くの家々が水没したり流されたりして、5000人にも及ぶ人々が犠牲になったのです。また、それらの地域では長期間水がひかないところもありました。特に被害のひどかった木曽川の河口付近の鍋田干拓地では、入植後初めての稲の収穫の直前でしたが、130人あまりの人が犠牲になり、4か月以上も水没したままとなってしまいました。

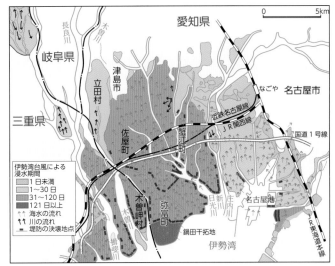

▲流木で埋まった校庭(名古屋市南区 白水小学校柴田分校 1959年10月)

▲高潮の浸水期間と流れの方向を示す地図〈伊勢湾台風復旧工事誌上巻〉

高潮被害の背景とその後

　伊勢湾台風は、中心の気圧が900ヘクトパスカルを下まわるという猛烈な勢力と、その勢力が特に強い台風の東側の部分に伊勢湾や濃尾平野がすっぽり入ってしまったために、高潮によって沿岸各地で海岸堤防が破壊され、大きな被害を出しました。また、名古屋港付近では、大量に貯木場に浮かべられていた直径1mにも及ぶ輸入材が高潮によって浮き上がり、周囲に勢いよく流れ出して家々を破壊し、多くの人々が犠牲になってしまいました。伊勢湾台風による犠牲者数は、風水害では最大規模で、1995

年の阪神・淡路大震災までは、自然災害として戦後最多の死者・行方不明者数となりました。そのためこの災害は、台風の進路予測や警報の進歩など、その後の防災対策を考えるうえで重要なきっかけとなりました。また、伊勢湾台風では、停電により台風の進路予報や高潮の危険性などが住民に十分に伝わらなかったという反省から、災害発生時の情報伝達の見直しなどが進められました。その後の1961年には、国の防災対策の基本となり、防災のあり方と国の対応をはっきりと示す災害対策基本法が整備されました。

見直された地形分類図

　伊勢湾台風の3年前には地理学者たちによって水害と地形との関係を示す水害地形分類図が作成されていた。この水害地形分類図は当初あまり注目を集めなかったが、台風後に高潮の浸水地域と地形とがぴったりと一致していることに注目が集まった。地元の中日新聞は同年10月のサンデー版で「地図は悪夢を知っていた」「仏(科学)作って魂(政治)入れず －ぴったり一致した災害予測－」という記事とともにカラーの水害地形分類図を掲載した。このことは国会でも議論となって、災害対策のための地図を緊急に整備する必要性が議論され、水害地形分類図は、国土地理院が整備・刊行する土地条件図や治水地形分類図などに発展した。

▲1959年10月11日の中日新聞サンデー版

ここも見てみよう　伊勢湾台風➡ p.17、三角州、地盤沈下、気圧、干拓地➡p.51用、高潮➡p.19、52用

濃尾平野の過去の洪水と輪中集落

▲輪中地域を流れる木曽三川(木曽川・長良川・揖斐川)長良川と揖斐川の間には宝暦治水でつくられた背割堤が見られる。植えられた松並木は千本松原とよばれ、宝暦治水で犠牲になった人たちをまつる治水神社がある。木曽川と長良川の間にも明治期の治水事業でつくられた背割堤が続いている。

伝統的な輪中の暮らし

濃尾平野を流れる木曽川・長良川・揖斐川の三つの大きな河川は、平野の西側に寄って流れています。これは地殻変動によって濃尾平野が西にいくほど低くなっているためで、平野の西部では河川が集中して複雑な網の目のように枝分かれしたり、交わったりして流れていました。さらに、江戸時代の初めには、東側の尾張藩(現在の愛知県西部)が木曽川の左岸に、「御囲堤」とよばれる堤防をつくったために、西側の美濃藩(現在の岐阜県南部)側の地域に水害が集中するようになってしまいました。この堤防は、当初は尾張国の領主徳川家が、敵対する西国勢力の侵入を防ぐ目的でつくったものでしたが、大坂夏の陣で豊臣家が滅亡した後は尾張国を水害から守るためのものとなり、現在でも桜並木などが残っています。

また、この地域は、川が運んだ土砂が堆積してつくられた沖積平野に古くから人々が住み着いて稲作などを行ってきましたが、一方で、繰り返して発生する洪水にたびたび苦しめられてきました。そのため、人々は川にはさまれた自分たちの生活の場を取り囲むように堤防を築いて守り、共同して水害に対応してきました。これを輪中とよび、堤防を守るための資材や非常用の食品などを郷倉とよばれる倉庫に備蓄していたほか、それぞれの農家は敷地のかさ上げをし、一部をさらに高くして水屋とよばれる建物に非常用の穀類やみそ、乾物などを備蓄していました。また、家の門や玄関の上には、上げ舟とよばれる避難用の舟をつり下げていた家も多く、なかには水害

▲輪中の断面図(模式図)

▲母屋と水屋（岐阜県 大垣市）

▲浸水を食い止めた輪中の堤防（岐阜県 輪之内町 1976年）

時に仏壇が水に浸からないよう、滑車を使ってつり上げる工夫をしている家もありました。このような輪中では、それぞれの堤防の高さをしっかりと保つための「定杭」とよばれる杭が打たれていました。これは、対岸よりも堤防の高さがわずかでも低いとそこから水が流れ込み、場合によっては堤防が破壊されてしまうため、地域で堤防の高さをきちんと定めるためのものでした。

輪中地域の生活を守るさまざまな努力

　繰り返し発生する水害への対策は、住民たちだけの努力では十分でありませんでした。そこで住民たちは幕府に訴えを続け、幕府は江戸時代中頃に薩摩藩（現在の鹿児島県）に対して木曽三川の流れを分ける土木工事を命じました。宝暦治水とよばれるこの大工事は木曽川と長良川、長良川と揖斐川の一部を分けるもので、薩摩藩が莫大な資金をつぎ込む難工事でした。ただ、それでも十分ではなく、明治時代になるとお雇い外国人のオランダ人技師ヨハネス・デ・レーケ によって、下流側で一つの河川となっていた木曽川と長良川を並行した二つの河川に分けるなどの本格的な三川分流工事が1887（明治20）年に着工されました。

　その後、濃尾平野の水害はかなり減少しましたが、1976年には台風17号によって長良川本流の堤防が決壊するという大きな水害が発生しました。この水害は「安八水害」とよばれ、岐阜県安八町で長良川の右岸堤防が決壊し、広い範囲が水に浸かるというものでした。ただ、下流側の安八町と輪之内町との境には十連坊堤とよばれる輪中堤が残されていたため、洪水流はここで止められ、

輪之内町は水害から守られました。これに対して上流側の墨俣町（現在の大垣市）との間では、輪中堤が交通のじゃまになるなどの理由で取り払われていたために洪水流が上流に向けても広がり、安八町だけでなく墨俣町全域まで水没しました。

　濃尾平野の南部や西部は、土地が低く堤防によって囲まれているため、堤防のなかの水がそのままでは河川に排水できません。そのため、この地域では各所に大規模なポンプを備えた排水機場が設置されています。もともと輪中地域では輪中の最下流部に堤内の排水が集まる悪水とよばれる水たまりがみられたほか、輪中地域の南部では地下水位が高すぎるため、くしの歯のような水路をつくり、掘りあげた土を水路の間に盛って水田とする堀田が広く分布していました。

　現在では、排水機場の整備によってこのような景観も見られなくなり、あたりには耕地整理された一面の水田が広がる一方、ところどころに残された大きな池の周囲は親水公園として整備されて人々の憩いの場所になっています。

▲昭和40年代の堀田の様子（河合孝・海津市歴史民俗資料館提供）

ここも見てみよう ｜ 沖積平野 ➡ p.38、52 用

事例4
世界にみる豪雨・台風

▲高潮により浸水したニューオーリンズ郊外
（アメリカ合衆国 2005年8月）

さまざまな熱帯低気圧の被害

　台風のような発達した熱帯低気圧は太平洋沿岸ばかりでなく、インド洋やカリブ海沿岸などの世界各地でも発生して被害をもたらしています。2005年8月にカリブ海で発生したハリケーン、カトリーナは、アメリカ合衆国南部のルイジアナ州、ミシシッピ州を中心に広い範囲に被害を及ぼし、強風、高潮などによる死者は1420人にのぼりました。メキシコ湾沿岸では高さ7mにも及ぶ高潮をひき起こし、特にニューオーリンズの町に大きな被害を与えました。ミシシッピ川が運んできた土砂がメキシコ湾に流れ込んでつくられたところに立地するニューオーリンズは、市内の約80％が標高0m以下の低地でした。高潮による堤防の決壊によって、市街地の約8割が水没し、約100万人が被災して40万人の市民が避難生活を送りました。このような熱帯性の強い低気圧は地域によってよび方が異なり、日本付近をはじめとする赤道以北の太平洋西部では台風、インド洋や赤道以南の太平洋ではサイクロン、赤道以北の太平洋東部やカリブ海などを含む大西洋地域ではハリケーンとよばれています。いずれも強い風を伴い、台風は中心付近の最大風速が風速毎秒17.2m以上、サイクロンやハリケーンは風速毎秒33m以上の熱帯低気圧です。

　南アジアではベンガル湾に面したバングラデシュのガンジス川河口の三角州や、インド東部の海岸地域でも、これまでに繰り返しサイクロンによる被害を受けてきました。1970年11月に襲来したサイクロンでは50万人、1991年4月のサイクロンでは14万人もの人々が犠牲にな

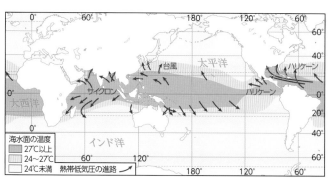

▲台風の発生する場所と名称（Geography:A Global Synthesis）

▲サイクロンシェルター(バングラデシュ)

▲洪水で水に浸かる日本企業の工場(タイ バンコク郊外 2011年10月)

りました。これらの地域では海岸線に十分な堤防がなく、特にガンジス川の三角州のように海面からわずかな高さしかない土地では、高潮が広い範囲にわたって地域全体を洗い流してしまうほか、侵食によって海岸に沿う土地そのものがなくなってしまうこともあります。また、バングラデシュなどでは海岸線の長さが長く、国も豊かでないため、すべての海岸線にしっかりした海岸堤防を建設することができません。そのため、サイクロンシェルターとよばれる避難用の建物が積極的に建設されています。

世界各地の水害

　日本のような山がちの島国では、河川は短く急流をなしています。そのため、台風や梅雨前線などによって大雨が降ると、たちまち水害が発生します。これに対して大陸を流れる河川は長さが長く、勾配もゆるやかです。そのような河川では洪水もゆっくりと起こり、川から水があふれて周囲の土地が浸水すると川の水量が一気に増え、水がひくまでに時間がかかります。東南アジアや南アジアなどでは、梅雨のように雨が続く雨季のみられる地域もあります。ガンジス川の下流にあるバングラデシュでは毎年6月頃から10月頃まで雨季が続き、あたり一面が水に覆われて、乾季ののどかな農村風景が大きく変化します。雨季の増水は十分な堤防が建設されていない河岸を侵食し、それによって川沿いの集落がなくなってしまうということも起こってきました。東南アジアのタイやベトナムでも、雨が降り続く時期には川の水位が上昇し、各地の低地で川の氾濫が始まります。これらの地域ではこれ

まで繰り返して多くの家屋が流され、田畑が水没しました。タイでは、2011年の6月から9月に降り続いた記録的な雨によって各地で大規模な水害が発生し、日本企業が多く進出する工業団地なども水没しました。浸水深は最大3mにも達し、完全に水がひいた時はすでに12月下旬になり、多くの工場では2か月以上にもわたって生産を停止しなくてはならない状態になりました。その結果、日本ではタイからの工業部品が届かなくなって国内の工場も生産を停止しなくてはならない状況が発生したり、タイで生産していた製品の売り出しを遅らせたりするなどの大きな影響が出ました。

　大規模な水害はアジアばかりでなく、世界各地で発生しています。2021年7月には記録的な大雨によってドイツやベルギーをはじめとするヨーロッパ各地で大水害が発生し、道路・鉄道が寸断されるとともに多くの人々が犠牲になりました。また、2022年、2023年にはオーストラリア各地が大規模な水害に見舞われ、農業、建造物、インフラなどに大きな被害がでました。さらに、雨の少ない乾燥地域を流れる川はワジとよばれていて、ふだんは川の水が流れていないのですが、2023年9月には北アフリカのリビアで豪雨によってワジが大氾濫してしまい、下流の街が洗い流されて1万人以上の人々が犠牲になりました。このような世界各地の水害は地球規模の気候変動と関連しているといわれ、ネパールやパキスタン、アメリカ合衆国、カナダなどでは氷河湖の決壊による水害も発生しています。

ここも見てみよう　ハリケーン、サイクロン➡ p.16-17、三角州、気候変動➡ p.51用、高潮➡ p.19、28-29、52用、梅雨前線➡ p.15、52用

対策1 気象庁による気象観測と予報・警報

▲豪雨のなかを歩く人々と高解像度降水ナウキャスト
(右)(四国付近 2023年6月2日閲覧)〈気象庁資料〉

気象観測と天気予報

つねに動いている大気の動きを監視し、将来の天気や激しい大気現象の発生を事前に予報するため、気象庁では世界気象機関(WMO)で決められた方法に基づいて、毎時の地上観測を行い、3時間ごとに地上天気図を、また1日2回の高層気象観測によって高層天気図を作成しています。静止気象衛星「ひまわり」は、宇宙から雲の様子のほか、海氷などの分布や地面、海面の温度を観測しています。全国20か所に設置された気象レーダーでは、半径数百kmの範囲に存在する雨や雪を観測し、その動きをとらえています。

気象庁では、こうした気象観測と観測結果の解析や情報の発信を、昼夜を問わず行っています。気象観測の結果は瞬時に通信網で送受信され、海外から入るデータと一緒に、コンピュータを用いた数値予報や天気図作成に使われ、1日3回の天気予報が地域ごとに発表されます。

天気予報に関する誤解や混乱を避けるため、気象庁では天気予報に用いる表現を「予報用語」として細かく定めています。例えば、「強い雨」とは1時間に降る雨量が20～30mmのものを指します。このほか、風の強さ、台風の強さ、時間など、さまざまな項目が決められています。

台風が発生すると3時間ごとに台風の中心位置、進行方向と速度、中心気圧、最大風速、最大瞬間風速、風速毎秒25m以上の暴風域、風速毎秒15m以上の強風域の実況情報を発表します。1日先までの予報は3時間ごとに、5日先までの予報は6時間ごとに発表され、台風の中心が入る可能性が高い場所(予報円)と暴風域に入るおそれがある暴風警戒域を発表します。

全国に発せられる警報と注意報

気象庁では大雨や大雪、強風や高波、高潮などの災害が起きるおそれがあるときには注意報を、重大な災害が起きるおそれがあるときには警報を、さらに重大な災害

1時間雨量	10～20mm	20～30mm	30～50mm	50～80mm	80mm以上
予報用語	やや強い雨	強い雨	激しい雨	非常に激しい雨	猛烈な雨
人の受けるイメージ	ザーザーと降る。	どしゃ降り。	バケツをひっくり返したように降る。	滝のように降る。（ゴーゴーと降り続く）	息苦しい圧迫感がある。恐怖を感じる。
人への影響	地面からのはね返りで足元がぬれる。	傘をさしていてもぬれる。		傘は全く役に立たなくなる。	
屋外のようす	地面一面に水たまりができる。		道路が川のようになる。	水しぶきであたり一面が白っぽくなり，視界が悪くなる。	
災害発生の危険性	この程度の雨でも長く続く時は注意が必要。	側溝や下水，小さな川があふれ，小規模の崖崩れが始まる。	山崩れ・崖崩れが起きやすくなり，危険地帯では避難の準備が必要。都市では下水管から雨水があふれる。	都市部では地下室や地下街に雨水が流れ込む場合がある。マンホールから水が噴出する。土石流が起こりやすい。多くの災害が発生する。	雨による大規模な災害の発生するおそれが強く，厳重な警戒が必要。
イメージ					

▲天気予報における雨の表現・降り方と災害発生の危険性〈気象庁資料〉

が起きるおそれが著しく大きいときには特別警報を発表して、注意や警戒をよびかけます。また竜巻の発生の可能性が高い場合には竜巻注意情報を発し、高温や少雨などが起きる場合にも注意情報を発表します。短時間の局地的な集中豪雨については、降水ナウキャストという1時間先までの5分単位での降水量の予報や、6時間先までの30分単位の洪水短時間予報が出されます。線状降水帯による大雨の発生予測情報も半日前から出されます。天気予報は民間の会社からも発信されますが、注意報・警報を発して防災につながる情報を出すのは気象庁だけの役割です。豪雨や雪どけによって、河川の増水や氾濫などのおそれがあるときには、気象庁は国土交通省や都道府県と共同して、指定した河川について、指定河川洪水予報を行います。洪水予報には、氾濫注意情報、氾濫警戒情報、氾濫危険情報、氾濫発生情報の4種類があります。

これらの情報や注意報・警報は原則として市町村単位で発表され、市町村役場や報道機関、インターネットや携帯電話などから住民に伝えられます。警報や特別警報、氾濫危険情報・発生情報が出された場合には、市町村長が住民に避難指示を出すことがあります。大気や河川の状態は時々刻々と変化するため、私たちは最新の情報を入手すると共に、避難指示が出た場合には速やかに安全な場所へと避難することが必要です。

対策

台風の進路予想図を見るときのポイント

気象庁の台風進路予想図では、現在の台風中心位置が黒い×印、暴風域が太い赤丸、強風域が黄丸、過去の経路が青線で示される。また120時間先まで各予報時刻に、台風の中心が入る確率が70％と予想される範囲が白い破線の予報円である。予報円の外側を囲む赤色の実線は、台風の中心が予報円内に進んだ場合に暴風域に入るおそれのある暴風警戒域で、一般に台風の進行方向右側で風が強い。予報円の中心を結んだ台風が進む可能性の高い進路を白色の破線で示すこともできるものの、台風は必ずしも白い破線に沿って進むわけでないこと、豪雨は中心から離れた場所でも起こることには注意が必要である。2022年台風14号の進路予想図▶

〈気象庁資料〉

ここも見てみよう　降水ナウキャスト➡p.6、51用、世界気象機関➡p.52用、線状降水帯➡p.6-7、15、26、52用

倉敷市
洪水・土砂災害ハザードマップ
真備・船穂地区
令和5年3月作成

洪水浸水想定区域図 計画規模（L1）
令和3年10月時点

浸水の深さ/状況

浸水状況	浸水深等
3階以上が浸水	10m以上20m未満
	5m以上10m未満
2階が浸水	3m以上5m未満
1階が浸水	0.5m以上3m未満
床下浸水	0.5m未満

● 浸水の前の立退き避難が原則
● 氾濫がすでに始まっている場合は近隣の高台など安全な場所へ

● 原則として立退き避難
● 浸水時に想定される浸水深を踏まえ、屋内避難は、自らの判断で行ってください。

浸水ランクの表示について、一般的な家屋の2階が水没する5m、2階床下に相当する3m、1階床下に相当する0.5mに加え、これを上回る浸水深を表現するため、10m、20mを用いています。

矢掛町

▲倉敷市（真備・船穂地区）洪水・土砂災害ハザードマップ

対策2 災害危険の予測・河川の整備

浸水の危険を知らせるハザードマップ

　突然の自然災害から身を守るためには、自分が住む地域の被害の予測を知り、実際の災害のときにどのように行動したらよいのかを事前に知っておくことが大事です。ハザードマップは、そのような目的をもってつくられた地図です。かつては、水害などの自然災害は突然発生するもので、被害を事前に予測したり、準備したりすることはほとんど意識されていませんでした。その後、1959年の「伊勢湾台風」を機に、土地条件と災害の関係が見直され、国の機関によって、各種の地形分類図や土地条件図などがつくられてきました。さらに、最近では、空中からレーザーを照射して地盤高を測定する航空レーザー測量によって、土地の高さを正確にはかることが可能になり、それらをコ

ンピュータが計算して浸水範囲やその深さを予測することができるようになりました。こうしたデータに基づいて、ハザードマップでは浸水の深さを色分けするなど想定される被害の様子が地図上で分かりやすく示されています。また、ハザードマップには、予測される被害のほか、地域の避難場所、避難経路や防災関連の施設などの情報も記載されており、こうしたハザードマップをもとに、避難する場所やルートなどを家族で確認しておくことが大切です。ハザードマップは国や各市町村によってつくられ、自然災害が起こった際に速やかに対応するための情報ものせられていて、住民に配布されるほかインターネットでも入手することができるようになっています。

　西日本を中心に発生した「平成30年7月豪雨」では各地で大きな被害が出ましたが、なかでも岡山県倉敷市真備

町の高梁川と支流の小田川が合流する付近では2階にまで達する浸水が引き起こされ、逃げ遅れるなどして51人が犠牲となる大きな被害を受けました。左の倉敷市真備地区付近のハザードマップでは想定された浸水深が実際の浸水状況と非常によく対応していたことから、ハザードマップの重要性があらためて認識されました。

▲渡良瀬遊水地 (栃木県 栃木市 2022 年)

水害を防ぐ流域の整備

　昭和20年代前半の日本は戦争が終わった直後で、国土は荒れ放題の状態でした。そのような時期に襲来したカスリーン台風は、関東平野を流れる利根川を決壊させ、洪水流が東京都の江東区にまで達する大水害を引き起こしました。このようなことの反省から、全国の大きな河川流域では植林によって山々の木々を豊かにするとともに、発電や工業用水に利用する多目的ダムの建設が推進され、土石流を引き起こす小さな谷や渓流では砂防ダムの建設が進みました。また、洪水流の流れをよくするために川の流れ(河道)の直線化も進みました。なかでも、北海道の石狩川は、明治時代の終わり頃までほとんど手が加えられていなかったために河道が著しく曲がりくねっていてしばしば大規模な水害が発生していました。そこで、大正～昭和40年代に捷水路とよばれる河道を短絡化するための人工水路がつくられ、石狩川の長さは明治の初めと比較すると100kmほども短くなって水害が少なくなりました。さらに、このような河川改修のほか、洪水時に下流へ流れる水を一時的にたくわえて下流の川や堤防を守る役目を果たす遊水池もつくられています。遊水池にはふだんは湿地や公園などになっているような比較的小規模なもののほか、利根川の渡良瀬遊水地のような広大なものまであります。このほか信濃川や荒川、淀川などにみられるように放水路とよばれる新たな流路をつくったり、川幅を広げるなどして河川の整備が進められてきました。

　一方、都市域などでは地表面が広くコンクリートやアスファルトなどによって覆われているために、著しい集中豪雨などの際に降った雨水が逃げ場を見つけられずにしばしば内水氾濫が発生します。このような問題を解消するために大規模な造成地では調整池などの貯留施設がつくられているほか、地下に大規模な空間をつくり、そこに一時的に水をためるという地下貯留という考えが注目されています。近年、各地で大規模な地下貯留施設が建設されているほか、首都圏外郭放水路のように地下トンネルの放水路も建設されています。

　このように、最近は山間地の治水だけでなく、河流の氾濫域も含めて治水に取り組む流域治水の考えが取り入れられ、雨水貯留施設の整備や土地利用規制などをふまえた総合的治水が進められています。

対策

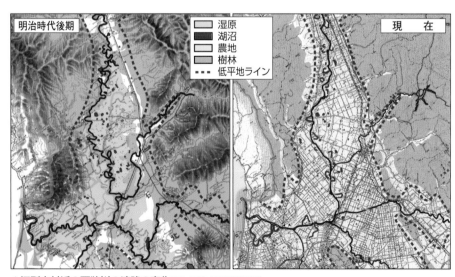

	湿原
	湖沼
	農地
	樹林
---	低平地ライン

明治時代後期　　　　　　　　　現　在

▲江別市付近の石狩川の流路の変化 〈国土交通省 北海道開発局資料〉
開拓によって湿原が農地になり、捷水路をつくることで石狩川はまっすぐになった。

 ここも見てみよう　ハザードマップ、渡良瀬遊水地➡ p.52用、伊勢湾台風➡ p.28−29、平成30年7月豪雨➡ p.6、24−25、内水氾濫➡ p.18、43、52用

対策3
昔の人々の知恵・工夫

▲今に残る釜無川の信玄堤(山梨県 甲斐市)、霞堤のしくみ(右下)

水害との戦い

　洪水によって運ばれた土砂が堆積してつくられた沖積平野での人々の生活は、水害との戦いでもありました。人々は、古くから住居や田畑を守るために堤防を築いてきましたが、土木技術が十分に発達していない時代には、川に沿って連続した堤防をつくっても強度不足から、逆に堤防が壊れて大きな被害を引き起こす心配がありました。そのため戦国時代の甲斐(現在の山梨県)では、武将武田信玄が信玄堤とよばれる「ミ」の型の平面形を持つ堤防を築いて、甲府盆地の荒れ川を制御しました。ひと続きではない「ミ」の字の形の堤防は、洪水流の一部を堤防の隙間から平野に逃がすことによって堤防に対する川の水の圧力を弱めるもので、当時の技術でも堤防をもちこたえることができました。同様の堤防は各地に見られ、霞堤とよばれています。また、昔の人々は蛇籠とよばれる竹で編んだかごに玉石を入れたものを、河川の曲がったところに置いて水の流れを弱めるなど、さまざまな工夫をしてきました。このような技術は、形や素材を変えて現在でも残っています。

　洪水の際には堤防が決壊したりするだけでなく、橋が流されることもあります。そのたびに橋をつくり直すのには費用と時間がかかるため、人々はさまざまな工夫をしてきました。その一つが流れ橋とよばれる橋で、橋脚の部分はしっかりとつくり、洪水の際に橋の上の部分が流されても、橋脚はまた使える構造としています。そのほか、流れてくる木材などがぶつかるのを防ぐために、洪水の時に橋全体が水面下に沈んだ状態になるものもあり、沈下橋または潜水橋(潜り橋)などとよばれて、現在でも日本各地に残っています。

▲四万十川にかかる佐田沈下橋(高知県 四万十市)

災害に対する備えは我が身を守る大切なことであり、水害の危険がある地域では、古くからの輪中の暮らしのように住民が団結して堤防を管理したり、避難の際に声をかけあってお互いを守ったりするなど地域の水害に対する取り組みが大切です。昭和24年に定められた水防法では、水防団の設置が決められ、河川の氾濫などの水害に対応する水防団員が任命されました。さらにさまざまな法律により、各市町村では防災に関わる知識や情報を住民に伝えたり、それぞれの地域に合わせた防災活動を進めたりする目的で、各自治会を中心に各自主防災組織がつくられています。

台風に備えた伝統的な家の工夫

　伝統的な人々の暮らしは、それぞれの地域の自然環境と深く関わっています。なかでも古くからの民家には、地域によって独特の様式が見られるものがあります。台風が多く襲来する沖縄では、非常に強い風にも耐える工夫がなされています。特に、伝統的なつくりの民家は軒が低く、白い漆喰で塗り固められた赤がわらの屋根をもち、家のまわりは石垣で囲まれているという特徴があります。この屋根の赤がわらと白い漆喰は、台風の強い風で飛ばされないように重さをもたせ、固定しているのです。また、低い軒や家のまわりの石積みの塀は建物の風よけの役割を果たしていて、風にあおられないように家を守っています。沖縄では戦後に建てられた建物の多くも、風に対して強いコンクリートづくりのものが多く、本土とは異なった様子を見せています。また、本土より梅雨が早く明けて

▲外泊の石垣の家並み(愛媛県 愛南町)

夏の長い沖縄では、夏に雨が降ることが少ないため、コンクリートづくりの建物の平らな屋根の上には水不足に備えて水道水の大きなタンクを備えている家が多く見られます。

　台風に備えた家のつくりは、沖縄以外にも見られます。例えば、愛媛県愛南町外泊地区は石垣の里とよばれ、独特の景観をもつ集落です。この集落では宇和海に面した斜面に建つ家々が、石垣のある階段状の土地に立地していて、集落内を歩くと両側に城の城壁が続くような景観が続きます。これも、台風や豊後水道から吹きつける強い季節風から建物を守る工夫とされています。これは江戸時代末期に移住した人々が、岩だらけの山を切り開き手で石を積み重ねて集落を築いたもので、現在でもこまめな石垣の補修が行われています。

▲台風にそなえた沖縄県の伝統的な家(沖縄県 竹富町竹富島)

地名が表す土地の様子

　昔から人々は、平野のなかでも水害にあいにくい場所や、水に浸かっても被害が少ない場所を選んで家を建ててきた。そのため、古くからの集落の多くは、河川沿いの少し高くなっている土地(自然堤防)の上につくられて、背後の水はけの悪い土地(後背湿地)を水田として利用してきた。このような土地の様子は、地名に表れていることがあり、国土交通省のホームページでは、地名に「深」の文字があれば周囲より土地が低い可能性があり、「沢」では、水のたまりやすい土地、カワチ(川内)、ナダ(灘)、ウシ(牛)、サワ(沢)、フカ・フケ(深)、リュウ(竜)などの文字は、過去に水害を経験した土地を示していると指摘している。

ここも見てみよう　沖積平野➡ p.30、52用、土木技術➡ p.52用、家のつくりの工夫➡ p.12、自然堤防、後背湿地➡ p.25、51用、
季節風➡ p.8-9、10、51用

対策

アクティビティ

避難はいつ始める？
水害時の行動計画「タイムライン」をつくってみよう

「いつ気象状況を確認する？」「いつ避難準備を始める？」「いつ家を出発する？」……。災害発生時の行動を時系列で整理しておくことは、防災における有効な対策の一つです。そのためのツールが「タイムライン」です。ハザードマップを見ながら、豪雨時にとるべき行動をイメージしてみましょう。

☝ タイムラインをつくろう

下の図は台風を想定したタイムラインの作成例です。このタイムライン（防災行動計画）を参考に、「いつ」「誰が」「何をするか」といった災害時のとるべき行動について、家族や友人と話し合いましょう。

タイムラインを作成する際、あなたの自宅や学校にどんなリスクがひそんでいるか、ハザードマップで確認しよう。

誰が何をするかについて話し合い、担当者をシートに書き込もう。

避難開始のタイミングを家族で事前に決めておこう。その際には、経験だけにたよらず、ニュースや行政のホームページなどを参考にしよう。

ここで安全を確保できる場所に移動しておこう。

すでに災害が発生している可能性がある。ここでは原則、遠方への移動を避け、身近な範囲で安全を確保しよう。

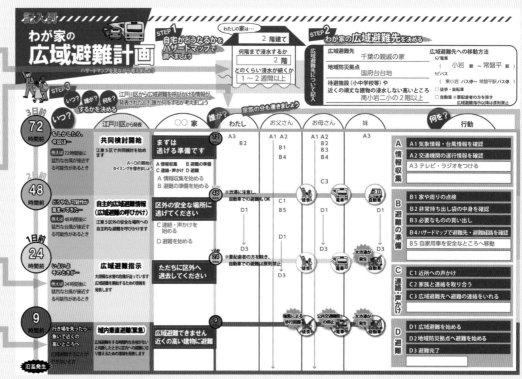

▲タイムライン（防災行動計画）とその記入例〈江戸川区提供画像。「わが家の広域避難計画（記入例）」（江戸川画像文庫）を一部改編して掲載〉　〈2019年5月発行〉

避難情報と私たちの防災意識

　テレビなどで目にする「避難指示　○○市」。避難情報の一つで、2021年に法律で表現が改定された。「準備」や「勧告」など、以前の表現が「避難不要」「避難の必要性が低い」ととらえられ、緊迫した状況が伝わらなかったからである。また、最大の改定は、レベル5が災害発生以降に発表される情報と位置づけられたことである。つまり、レベル4で危険な場所から避難し、レベル5の前に避難を完了させておかねばならない。こうした情報の表現の工夫に加えて大切なのは、自分の身を自分で守るという意識だ。避難開始のタイミングを地域や家族で決めるなど、主体的な取り組みが防災には欠かせない。

警戒レベル	避難情報等
5	緊急安全確保
〈警戒レベル4までに必ず避難！〉	
4	避難指示
3	高齢者等避難
2	
1	

▲2021年5月に改定された5段階の警戒レベル〈内閣府資料より作成〉

👆 **そのときあなたならどうする？「クロスロード」に挑戦！〜豪雨編〜**

あなたは、両親とおばあちゃんと一緒に暮らしている。家は、川の堤防のそばにあって、家から川の様子は見えない。川沿いの土手を通る通学路や、河川敷での部活動のランニングなど、川は日常生活の一部だ。

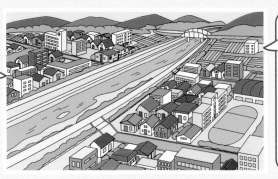

台風が発生し、あなたの住む地域には大雨・洪水注意報が出ていた。大型の台風の接近が早まり、その日の夜から明日にかけて非常に激しい雨が降るようだ。朝から降り続いていた雨は、しだいに強くなってきていた。

Q1

あなたは学校の帰りに自宅から歩いて15分ほど離れた友だちの家に遊びにきていた。友だちの親はまだ仕事から帰ってきておらず、家には友だち数人だけ。注意報のニュースを見て窓の外に目を向けると、風も出てきて横なぐりの雨が降っている。自宅に1人でいるおばあちゃんも心配だが、すぐに自宅に帰る？

帰る

友だちの家にとどまる

考察ポイント！

①あなたがすぐに帰るならば、自宅までの経路に浸水の危険がないかをハザードマップであらかじめ把握しておくことが重要である。加えて、最新の雨の状況をインターネットやテレビのデータ放送などで確認し、安全性を確認する必要がある。早めの判断と行動が求められる。

②あなたが友だちの家にとどまるならば、友だちの家が浸水したり、周囲に崖崩れが起こったりするおそれはないか、危険が迫ったときにどこへ避難するべきかなどをハザードマップで確認する必要がある。油断は大敵である。

③おばあちゃんを心配する気持ちは大切だが、自らが危険にさらされるような行動は慎むべきである。電話などで、おばあちゃん本人やほかの家族とも連絡を取り、最善の対応策を見つけるよう心がけたい。

Q2　降り続く大雨で川の水位が上がり、あなたの住む地域では「高齢者等避難」が出された。

家に帰ったあなたは、足腰の弱いおばあちゃんと家に2人きり。隣の家のおじさんは、避難の準備を始めたようだ。お母さんからこれから帰ると連絡があったが、川の堤防が決壊しないか心配だ。おばあちゃんと一緒に先に避難する？

避難する

お母さんの帰りを待つ

考察ポイント！

①あなたが足腰の弱いおばあちゃんと避難するならば、早めの判断と行動が重要である。お母さんの帰りを待っている間に避難場所までの経路が冠水し、避難が難しい状況になってしまう可能性もある。

②あなたがお母さんの帰りを待つならば、浸水に備えて家の最上階など、少しでも安全な場所に移動することが望ましい。

③足腰の弱いおばあちゃんを連れた移動や、足元の見えにくい夜間の移動は、かえって危険な場合もある。ハザードマップで地域の様子や避難場所などをあらかじめ確認しておくことが大切である。

📖 **ここも見てみよう**　

タイムライン➡5巻 p.13、ハザードマップ➡p.36−37、52囲、河川の堤防の決壊➡p.24−27、
短時間での河川や下水道の増水➡p.44−45、気象情報の入手➡p.34−35、49

大都市で水害が起こるしくみ

▲局地的豪雨をもたらす積乱雲
（東京都 杉並区 2012年）

都市化とそれに伴う水害

　近年、都市部では、真っ黒な雲が突然あらわれて、数時間とはいえ非常に強い雨が狭い範囲に集中して降るようになりました。この雨によって、道路が水であふれたり、低い土地が浸水するような被害が起きています。なぜこうしたことが起こるようになったのでしょうか。その原因を、都市のなりたちから考えてみましょう。

　高度経済成長期の1960年代前後から、都市への人口の集中が始まりました。このため、近郊の田畑や山林が切り開かれて宅地化され、都市はさらに郊外へと拡大していきました。この「都市化」にともない、道路はアスファルトで舗装され、生活排水を処理するための下水道がつくられていきました。雨水も下水道により近くの河川に運ばれるため、特に豪雨のときには、下水道の整備が進むほど短時間のうちに多量の雨水が河川に流れ込むことになりまし

た。都市に暮らす人々の生活を豪雨から守っているのは、実は下水道・都市河川とそれらに関連する施設です。今から40年くらい前の都市化の途中段階では、下水道などの都市の基盤施設が未完成であったため、豪雨のたびに街が水に浸かることもありました。当時は、施設がひととおり完成すれば、都市の浸水や都市河川の洪水や氾濫はなくなっていくものと期待されていました。ところが、そのようにはなりませんでした。1990年代後半になると、人間の活動によって地球全体が温暖化するなどの気候変動が進み、都市部では気温が周辺部よりも高くなるヒートアイランド現象の影響が加わったことから、豪雨の強さが以前とは異なるものに変わってしまったからです。

　下水道や都市河川に関わる施設は、雨の強さを想定したうえで設計されます。東京などの大都市では、1時間あたりに50mmの強さの雨を想定してきました。ところが、最近、気象が極端化して、これまでの想定をはるかに超

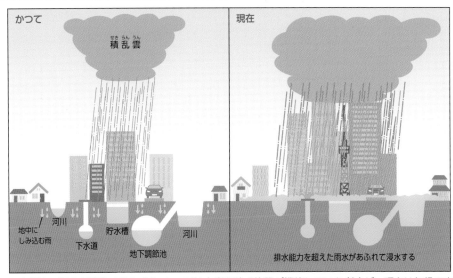

▲大都市で浸水が発生するしくみ かつては水害を防ぐ施設が機能していた（左）が、現在は気候の変化により想定外の雨が降るようになった結果、浸水が起こるようになった。

図内ラベル（左：かつて）：積乱雲／地中にしみ込む雨／河川／下水道／貯水槽／地下調節池／河川

図内ラベル（右：現在）：排水能力を超えた雨水があふれて浸水する

▲下水道に集中した雨水によって浮き上がるマンホールのふた（名古屋市 天白区 2011年）

えるような豪雨が都市を襲うようになっているのです。テレビのニュースなどで、下水道のマンホールのふたの穴から水が吹き出ている様子を目にしたことがあるでしょう。これは、排水能力を超えた量の雨水が短時間のうちに下水道に流れ込んだため起こるもので、この状態がさらに続くと深刻な浸水被害になることを表しています。このようにして起こる浸水のことを「内水氾濫」とよびます。こうした雨が長時間降り続くと、河川の水位も急激に上昇し、やがては両岸の壁を越えて街に水があふれ出すことがあります。このような浸水のことを「外水氾濫」とよびます。都市で発生する浸水被害のほとんどは内水氾濫ですが、まれに外水氾濫が発生するとその被害は甚大なものになってしまいます。

局地的豪雨の原因

近年、地球規模で進行する気候変動の影響によって、日本近海の海水温が上昇しています。そのため、近海で巨大な台風が発生したり、台風が勢力を衰えさせたりすることなく日本の都市を直撃することが心配されています。低地に人口が集中する大都市圏では、その際に発生する浸水被害ははかり知れないものとなります。また、都市特有の原因による浸水被害にも注意を要します。東京23区などの高度に都市化の進んだ地域には、アスファルトで舗装された道路がかなり高い密度でのびています。また、道路によって囲まれた街区は、ほとんどがコンクリートでつくられたビルで覆われ、大規模な公園を除くと、木々の生い茂る空地はほとんどありません。建物が密集した都市では、ビルや道路が太陽熱を蓄えるほか、エアコンや自動車あるいは工場から排出された熱の逃げ場がないため、夜になっても気温が下がらないこともあります。これがヒートアイランド現象を引き起こす要因です。その影響はこれだけにとどまらず、地表の熱に暖められた空気が上昇して雨雲を形成するため、局地的豪雨を引き起こすことにもなります。一部のマスコミが、ニュースなどで「ゲリラ豪雨」と報道した突然の強い雨が、これにあたります。

都市部には浸水について考えるうえで弱点となる場所があります。地下鉄や地下街といった地下空間や、道路が立体交差する地点のアンダーパス部分、局地的に標高の低い谷や窪地などがこれにあたります。これらの場所では十分な注意と対処が必要です。また、都市の河川から水があふれ出るほどのひどい事態になると、河川の周辺でも甚大な被害が発生することになります。局地的な豪雨の予測はこれまで難しいとされてきました。しかし、近年、これに挑む研究が進められていますし、都市で発生する浸水をリアルタイムに予測して知らせるシステムもできあがってきており、研究開発によって得られた知識や技術などを実社会で活用することが始まっています。近い将来、これらの技術が皆さんの生活を大きく変えてくれるかもしれません。

ここも見てみよう　都市河川、ヒートアイランド現象➡p.52用、気候変動➡p.22－23、51用、内水氾濫➡p.18、52用

14時14分

14時50分すぎ

▲監視カメラがとらえた増水前後の都賀川の様子
（兵庫県 神戸市東灘区 2008年7月28日）〈神戸市提供〉

事例 2 都市水害の発生

急激に増水する都市河川

　都市の道路は、自動車が快適に走行できるようにつくられています。そのため、道路の上に氾濫した水も未舗装の場合よりはるかに高速で流れます。また、下水道は、道路上の雨水を効率よく取り込み、短時間のうちに都市河川へと運ぶようにつくられています。このため、豪雨時には下水道や河川に急激に水が集まり、短時間のうちに水位が上昇します。このようにして発生した二つの事例を具体的に見てみましょう。

　2008年7月、兵庫県神戸市灘区の都賀川の流域で豪雨があり、この川で水遊びをしてい

▲都賀川周辺図

市街地
埋立地
× 水難事故発生地点

た子どもが流されるという水難事故がありました。事故があったのは、親水公園として整備された場所であり、日頃から子どもが水に親しむ格好の場になっていました。神戸は山を背に海に向かって広がっており、もともと大量の雨が降ると水害が起こりやすいところです。都賀川は六甲山から流れ下る急な河川で、その流域では都市化が進み下水道も整備されてきました。当時、この流域に短時間とはいえ極めて強い雨が降りました。その結果、わずか10分ほどの間に河川の水位が1m以上も上昇し、川で遊んでいた子どもを含む約50人が避難できずに流され、5人の命が失われるという事態になってしまいました。

　また、同じ年の8月、東京都豊島区雑司が谷で同じような局地的な豪雨があり、道路下の下水道のなかで工事を行っていた作業員が、水に流されて命を落とすという事故がありました。この雑司が谷での事故の本質を解き明かすため、当時最新の浸水予測技術を使って、その時に下水道に雨水が集中していった状況を再現する計算を行いました。次ページの図の上段のグラフは雨の強さを表しています。縦軸は5分間ごとに計測された雨量です。それによると11:50 ～ 11:55、11:55 ～ 12:00の各5分間で降った雨は5mm程度でした。この強さの雨が1時間降り続いたとすると60mmになるので、1時間あたりに換算す

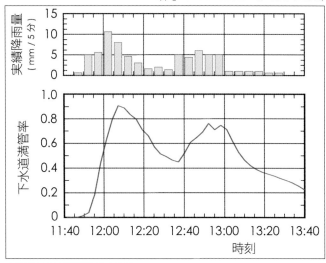

▲降雨と下水道満管率の変化

▶地下の連絡階段に流れ込む氾濫水

（福岡県福岡市
地下鉄博多駅
2003年7月）

ると時間雨量60㎜の強さであったことになります。これに対して、その後の12:00～12:05には時間雨量120㎜、12:05～12:10には90㎜という猛烈な強さの雨が降りました。この時間帯に水難事故が発生しました。下段の図の赤色の折れ線は、事故が発生した地点での下水道の満管率の変化を表しています。満管率とは、下水道のなかを流れている水がどのくらいまでいっぱいになったかを表す比率であり、例えば、この値が0.9であれば、下水道管の容積の90%が水で満たされていることを意味します。事故発生地点では、当時この値が0.9程度であったと報告されており、この下水道に短時間のうちにいかに大量の雨水が流れたかが分かります。また、その時の水の流れは、洪水時の河川と同じくらいの速さであったことが計算から分かっています。このように、都市では、街が水に浸かる事態にならなくてもあやうく水害になったかもしれない現象が確実に起こっているのです。なお、東京都などでは、河川ごとに水位を監視するカメラを設置し、氾濫の発生を事前に知らせるしくみを整備しています。

地下空間への浸水

　地下空間の浸水被害は、これまで東京・名古屋・大阪に加えて仙台・福岡でも発生しています。1999年6月には、福岡市博多駅周辺で浸水が発生しました。これも記録的な豪雨が原因ですが、さらに福岡市の中心部を流れる御笠川が博多駅の北東の地点で氾濫したため、福岡市中心部で深刻な浸水が発生し、博多駅の地下空間が水没する事態となりました。この被害をきっかけに地下浸水に関する本格的な研究が始まり、今日では高精度の予測技術ができあがっています。

　大都市の地下には、縦横にのびる地下鉄のトンネルや駅、これらを結ぶ地下通路、地下駐車場や地下街などがつくられています。多くは国道の下などに建設されていて、地上の歩道と地下空間とを結ぶ連絡階段が数多く設置されています。連絡階段につながる出入口のなかには谷底や窪地のような低い地点につくられているものもあります。もしこのような道路が浸水すれば、その水が階段を通じて流れ込み、地下空間の浸水が起こってしまいます。水を流入させない対策を進めるとともに、もし地下が浸水してしまった場合の被害の想定や避難方法を事前に考えておくことが重要です。

▲水が流れ込んだ地下の駐車場（東京都 北区 2009年8月）

事例

ここも見てみよう　都市河川➡p.42、46、48、52用、都賀川➡p.18

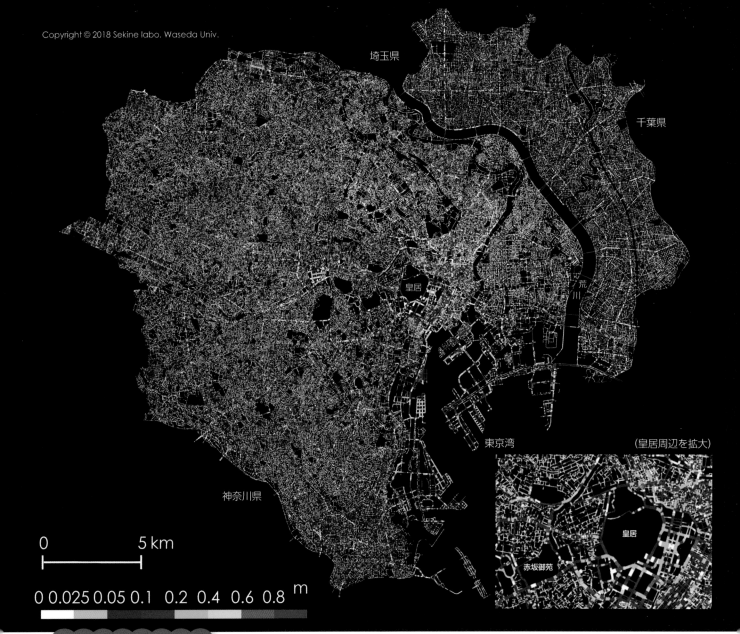

埼玉県

千葉県

皇居

荒川

東京湾　　　　　　　　　　　　（皇居周辺を拡大）

神奈川県

```
0          5 km
├──────────────┤
```

0 0.025 0.05 0.1　0.2　0.4　0.6 0.8　m

皇居

赤坂御苑

大都市で今後想定される水害

▲予測計算による浸水危険度マップ〈早稲田大学関根研究室提供〉

浸水のシミュレーション

例えば、東京がこれまでに経験したことのない最大級の豪雨に襲われたとすると、どのくらいの範囲にどの程度の深さの浸水が発生するのでしょうか。また、これを事前に知ることはできないのでしょうか。これまでは、比較的簡単な方法で算出した結果を「浸水ハザードマップ」としてまとめ、各自治体から公表されてきました。その一つの問題は、そのもととなる数値がどれくらい正確である

かが、はっきりしないことでした。ところが、その後の研究によって今では、しっかりした科学的根拠に基づく確かな浸水危険情報を得ることができるようになりました。具体的に東京を例に説明しますと、東京での私たちの生活を支えている道路や下水道さらには都市河川などのインフラ施設についての情報や、建物の密集の度合いや土地利用の状況を表す情報などのデータをすべて入力して、コンピュータ空間上に東京という街をつくります。ここに予想される豪雨を降らせて、そのときに生じる水の流れ

によって働く力の性質の根本的な法則に基づいて忠実に解いていきます。このようにして行われるのが都市浸水予測とよばれるものです。

2005年8月に東京都杉並区で記録的な豪雨があり、23区西部で6000棟を超える住宅が浸水しました。この豪雨と同じ強さの雨が、東京23区全域に降ったと想定して行ったシミュレーションの結果をまとめると前のページの地図のようになります。この図で網の目のように見えるのは実在するすべての道路であり、浸水の深さに応じて異なる色で描き分けられています。この図は、4時間を超える豪雨の期間中に生じる最も深刻な浸水状態を表しており、例えば赤色は浸水の深さが0.8m（80cm）を超えることを示しています。この地図の見方として重要なことは、赤色の道路は白色や水色の道路よりはるかに浸水する可能性が高いということです。また、この結果をまとめた動画をみると、どのような経路をたどって浸水域が拡大していくかが分かります。同じ赤色の道路であっても同じ時刻にこの状態になるわけではないことも見てとれます。この点には注意する必要があります。また、救急車などの緊急車両が使うべき道路はどこか、といった具体的な判断にもこのような情報が役立つことでしょう。それから、この図では黄緑色から赤色の地点にある地下空間への連絡口は、水が流れ込む可能性が高いため、浸水防止の対策など十分な備えが必要です。

大きな河川の決壊による大規模な浸水

現在、東京で発生している浸水被害のほとんどは内水氾濫によるものです。しかし、もし万一、荒川や隅田川などの大きな河川で堤防を越えるほどの洪水が発生すれば、東京などの大都市でも大規模浸水が起こります。首都圏の過去の例をふりかえると、1947年のカスリーン台

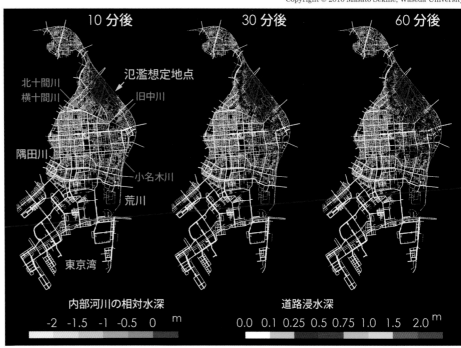
▲荒川の堤防決壊を想定した浸水マップ

風の時には利根川の堤防が決壊し、首都圏内をその水が南下して東京湾まで至るという大きな被害となりました。今重要なことは、起こりうる事態をよく理解しておき、被害の軽減につなげることです。

上の図は、東京都東部を流れる荒川の堤防が黄色の矢印の地点で決壊すると想定したシミュレーションの結果です。ここには、荒川と隅田川にはさまれた地域が描かれており、決壊から10分、30分、60分後の浸水の状況が示されています。図の右下の凡例のように、赤色の地域では浸水の深さが2m以上となり、ところにより5mにも及ぶ結果となりました。この地域には、旧中川や北十間川・横十間川・小名木川といった内部河川があり、これらは荒川や隅田川から切り離された水路のようになっています。この図には、内部河川が水深の大小に応じて赤色の濃淡で示されています。この値が0以上になる河川区間からは、水が周辺にあふれ出すことを意味します。荒川の水がこの地域に流れ出すことになると、下水道や内部河川に入り込んだ水が決壊地点から離れた別の場所であふれ出すこともあるため、浸水域が拡大していく過程は大変複雑なものとなります。ただし、科学技術の進歩によって、こうした現象の予測も可能になってきました。

ここも見てみよう　ハザードマップ➡ p.36−37、52用、都市河川➡ p.52用、シミュレーション➡ p.51用、内水氾濫➡ p.18、43、52用

対策 大都市における防災・減災の取り組み

洪水を防ぐための対策

写真に示されているのは東京の環状七号線（環七）という道路の地下につくられた大規模地下調節池であり、豪雨の際に河川の水を一時的に貯留することにより、洪水被害を軽減するための施設です。これ以外にも、都市には豪雨に備えて被害を軽減するためのしくみがつくられており、さらに安全性を高めるための取り組みも進められています。

都市に降った雨は下水道を経由して都市河川に運ばれます。そこで、豪雨のときには地表が水に浸かるだけでなく、都市河川も洪水の状態となります。ただし、河川の水が街に流れ出さなければ、被害が深刻になることはありません。もし、雨水が最終的に海にまで到達するその途中の過程で一部の水を一時的にためることができるならば、浸水被害を軽減することができます。このために河川沿いにつくられているのが調節池です。下水道のネットワークにも貯留管や雨水調節池とよばれる施設が同様の目的でつくられています。このうち写真にある地下調節池は地下鉄のトンネルほどの大きさをもち、洪水時に都心を流れる神田川水系の河川の水を流入させ、一時貯留することによって河川の水の量を減らし、氾濫を起こさないようにしています。建物に降った雨は、庭にあふれさせることなく速やかに下水道に流れ込むように設計されています。しかし、下水道にとっては、その雨水もまた大きな負担になります。そこで、ビルの建設時に地下に大容量の貯水槽をつくったり、各家庭の庭に貯水タンクを設置したりして、そこに雨水をためるようにすれば、下水道への負担をやわらげることができます。このほか、学校の校庭や公園の地面の下に雨水貯留施設がつくられているところもあり、これらも効果が期待できる浸水対策の一つです。また、些細なことと思われがちですが、豪雨時には、浴槽の水を抜く、シャワーを浴びる、あるいは洗濯をする、などの行動をひかえると、それだけでも浸水被害の軽減につながります。一人ひとりの心がけによって被害を軽減できることを知り、しっかり実践していくことが重要です。

深刻な浸水が心配される地下空間に関しては、出入口に地上からの水の流入を防ぐ目的で止水板を設置できるようにする準備が進んでいます。ただし、この止水板を取りつけるにはそのための人手が必要となるほか、利用者の出入りが妨げられることから、取りつけのタイミングが遅れるのではないかと心配されています。設置の目的と効果をよく理解し、速やかな対応が重要です。そのためには、予測計算を通じて得られた科学的な根拠をうまく活用していくことが大事となります。

観測と予報、身のまわりでできること

　浸水被害を軽減するためには、これまで説明してきたような施設による対策だけでは不十分です。人の命だけは、なんとしても守らなければならないからです。災害時であっても、自分の命は自身で守るというのが大原則です。施設だけでは災害を防ぎきれないことを知っておく必要があり、その少しでも前に危機を察知して、避難したいものです。豪雨や洪水に関する情報は、気象庁や国土交通省または自治体から提供され、テレビやインターネットでも見ることができます。豪雨については、レーダーによる精度の高い観測データが提供されており、その一つが国土交通省のXRAIN(エックスレイン)とよばれるものです。これによると、今どの地域で雨が降っていて、その強さはどのくらいであるのかを1分ごとに知ることができます。また、気象庁による高解像度降水ナウキャストという降雨予報も精度を上げてきており、どのような危機が迫ってきているかを予測することができるようになってきました。30分先の浸水の状況をリアルタイムに予測して知らせるS-uiPS(スウィプス)とよばれるシステムもできあがっており、動画での結果の公開が始まっています。右上の図はその画像の一部です。これを見ると、注目する地点の30分先の浸水の状況を知ることができるため、止水板の設置やアンダーパスの通行止めなどの判断を下す際にはその根拠となるでしょう。

　浸水被害を軽減するための かぎ となるのは、このような情報を受け取る側の私たち一人ひとりが正しい認識をもって行動を起こすことです。防災あるいは減災について、事前にしっかりとした認識をもち、いざというときに適切

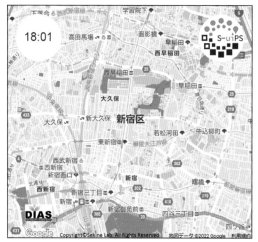

▲S-uiPSによるリアルタイム浸水予測画像の一例　地図上の青色の帯が浸水の生じている道路区間を表している。そして、浸水が大きくなるほど青→緑→黄→赤などの色に塗り分けられて表示される。

な行動がとれるかどうかが、被害にあうかそうでないかの分かれ目になります。近年、堤防が決壊して大規模浸水が発生した地域でも、浸水ハザードマップの存在すら知らなかったという住民が多く、浸水についての理解が十分でなかったこと、発生前後に避難情報がうまく生かされなかったこと、などが課題になっています。都市で発生する浸水被害は、極めて短時間のうちに進行し、浸水域も拡大することから、住民自身の速やかな判断と行動が求められます。自分が生活する地域にどのような浸水リスクがあるか、常日頃から関心をもち、災害時の対応を考えておく必要があります。その上で、実際に危険が迫っているときには、自らの判断で避難行動をとることが重要です。その際に気をつけなければならないのは、信頼できる情報に耳を傾けることです。たくさんの情報のなかから適切なものを選び、不正確な情報に惑わされることのないよう、冷静な判断能力を養っておくことも大事です。

対策

地下鉄の工夫

　地下鉄の利用者は、道路上につくられた出入口と駅構内とを結ぶ階段を経由して行き来するが、そのなかには標高が低いなどの理由から水が流入しやすい出入口がある。このような出入口には、浸水するおそれがあるときに必要な高さの「止水板」を遅れなく設置することで、水の流入を防ごうとする対策がとられている。また、近年、防水扉つきの出入口にかえて、完全に封鎖できるようにしているところもある。この対策が必要な出入口はどれか、もし流入してしまうと地下鉄駅全体がどのように水に浸かっていくのかを解き明かす数値計算も行われており、その結果が対策に生かされている。

▲地下鉄出入口の防水扉(上野駅)

ここも見てみよう　都市河川➡ p.52 用、エックスレイン➡ p.51 用、降水ナウキャスト➡ p.6、34-35、51 用、ハザードマップ➡ p.36-37、52 用

おわりに

　私たちが暮らす日本は、適度に暖かく、適度に雨が降る地域にあるため、美しく豊かな自然に恵まれています。山に目を向ければ、春の新緑や秋の紅葉など、四季折々の美しい景色を楽しむことができます。そして、山間には数多くのせせらぎをみることができます。また、海に目を向ければ、美しい砂浜が続く海岸、荒々しくも雄大な磯の風景などをながめることができます。

　昔から、日本人はこうした自然をたくみに利用してきました。稲の生育に適切な気温と降水のおかげで、米づくりの文化を育んできました。また、火山の周辺にわく温泉を病気やけがをなおす場として利用したりもしてきました。さらに、海は魚などの食料を得る場として重要であるだけでなく、海水浴やマリンスポーツの舞台としても活用されています。日本は世界のなかでも最も自然に恵まれ、自然とともに歩んできた国の一つといえるでしょう。

　しかし、自然は常におだやかで恵みだけをもたらすとは限りません。恵みの大地は思いもよらぬところで大地震を起こし、都市や建物を破壊することがあります。また、大きな地震は津波を引き起こし、多くの人命や財産をうばうこともあります。火山は噴火による火山灰を広範囲にまき散らし、溶岩や火砕流が近くの集落を飲みこんでしまうこともあります。ふだんは恵みの雨であっても、長時間同じ場所に降り続けることによって、洪水や土砂崩れなどを引き起こすこともあります。自然は恵みでもあり、おそれの対象でもあるのです。

　このように、私たちにとってかけがえのない自然は、「恵み」と「おそれ」の両面をもっており、それは人間の力の及ぶ範囲をはるかに超えています。そのため、ときとして大きな災害をもたらすことがあります。そのときに被害を最小限にくいとめられるよう、災害が起こるしくみを正しく理解し、防災への取り組みをふだんから心がけることは、とても大切です。そうすれば、いざというときに正しい判断と適切な行動によって、自分の命を守れるに違いありません。また、自然災害にあってしまった人たちを一人でも多く助けることができることでしょう。この本はそうした思いを込めて、災害が起こるしくみ、防災の取り組み、災害にあったときの心がまえをできるだけわかりやすくまとめました。

　読者のみなさんが将来にわたって、この本で学んだこと・感じたことを心に刻んでくれることを願っています。そして、万が一災害に巻き込まれたときに、この本に書かれていることを思い出して、困難を乗り越えてくれることを祈っています。

帝国書院編集部

■ 用 語 解 説 ■

■ 異常気象

毎年同じように繰り返されている気象現象とは違って、これまで観測されたり予想されたりしなかったような気象現象。何が異常気象であるかははっきり決まっていないが、冷夏・暖冬、干ばつ、豪雨・豪雪などを指すことが多い。これらのなかには人間の活動によってひき起こされたものもあると考えられる一方で、自然の長期的な変動の影響もあるとする考え方もある。

■ XRAIN（エックスレイン）

局地的豪雨や集中豪雨の監視のため、国土交通省が整備を進める最新式の気象観測網で、正式名称は「国土交通省XバンドMPレーダーネットワーク」である。これまでの気象レーダーに比べ、観測から配信に要する時間が1〜2分に短縮され、雨量の推定精度も高い。ウェブ上でもデータの提供が行われている。

■ 温室効果ガス

さまざまな放射エネルギーを吸収し、地表や宇宙空間に少しずつ放射する働きをもつ気体。二酸化炭素のほか、メタン、一酸化二窒素などがある。大気中の温室効果ガスの濃度が高くなると、温室効果が高まり、地球温暖化が進行するとされる。

■ 干拓地

浅い水面（海・湖など）を堤防で囲み、内側の海水を排水してできた低くて平らな土地。したがって水面よりも低い。江戸時代以来の歴史があり、おもに農地として利用されてきた。児島湾・有明海・八郎潟・琵琶湖などの干拓が知られている。これに対して埋立地は、水面を土砂で埋めて土地をつくるので、水面よりも高い。東京湾・大阪湾をはじめとして、都市的土地利用が中心である。

■ 気圧

空気が外にふくらもうとする（空気が押す）力。単位のヘクトパスカルのパスカルは気圧を研究した科学者の名前である。

高気圧と低気圧とを区別する絶対的な基準はなく、気圧がまわりよりも相対的に高くて風が吹き出すところが高気圧、気圧がまわりよりも相対的に低くて風が吹き込むところが低気圧である。

■ 気候変動

長期的な気候の変化。「気候変化」とほぼ同じ意味で使われるが、氷河時代と現代とを比べるような数万年以上の長期的な変化には「気候変化」、数十年・数百年程度の長期的変化や、異常気象の多発などを考えるときには「気候変動」が使われることが多い。

■ 季節風

1年のうちの決まった時期（季節）に一定の風向で吹く風で、季節によって風向が変わる。モンスーンともいう。陸のほうが海よりも温まりやすく冷えやすいので、夏には海から陸に湿った風が吹き、冬には陸から海に乾いた風が吹く。ユーラシア大陸と太平洋・インド洋との間の季節風が代表的。日本では冬の北西季節風が日本海の上で湿った風になり、日本海側に雪を降らせる。

■ 降水ナウキャスト

気象レーダーの観測データを利用して、降水の現況や短時間予報を提供する気象庁のサービス。インターネットに接続することができれば、スマートフォンやタブレット端末など、どこでも画像を確認することができる。降水のほか、雷や竜巻などのナウキャストもある。

■ 後背湿地

川が人間の直接的な影響を受けない自然状態の場合に、自然堤防に沿ってできる低地。川との間に自然堤防があるために水はけが悪いので、昔は集落はつくられず、水田などに利用されていた。ここにできた新しい市街地は洪水や地震の被害を受けやすい。

■ 三角州

河口付近の低く平らな土地で、デルタと

もよばれる。川が人間の直接的な影響を受けない自然状態の場合に、河口付近で川の流れが遅くなり、砂や泥が堆積してできた。都市の市街地や工場になっているところが多い。水はけが悪いので、洪水・高潮などの被害を受けやすい。また地下水のくみ上げによる地盤沈下や、地震による液状化の問題も起こりやすい。

■ 自然堤防

川に沿った細長い微高地（まわりよりもわずかに高い土地）。川が人間の直接的な影響を受けない自然状態の場合に、たびたび洪水になって水があふれ、土砂がたまってきた。自然堤防には古くから集落や街道ができていることが多く、低地にできた新しい市街地に比べて洪水や地震の被害を受けにくい。

■ 地盤沈下

三角州などの低地で土地が沈んで低くなってゆくこと。自然現象として起こることもあるが、その多くは工業用水・農業用水のための地下水のくみ上げや、天然ガスの採掘によって起こる。東京の中心部をはじめ、地盤沈下によって海面よりも低くなってしまったところも多い。地盤沈下のおもな対策は地下水のくみ上げを規制することであり、東京など各地で進められている。

■ シミュレーション

この言葉のもとの意味は「まねること」や「〜のふりをすること」であり、「模擬実験」と訳されることがある。分野によってさまざまな意味で使われているが、災害・防災に関しては、もし災害が起こったらどのような状況になり、どのような被害が生ずるかについて予想するという意味で使われている。ハザードマップはこのようなシミュレーションの結果が利用されている。

■ スパイラルレインバンド

台風のまわりを取り巻いている、らせん状にのびる帯状の降雨帯。複数の積乱雲の集団からなり、非常に強い雨をもたらす。

■ 用 語 解 説 ■

■ 世界気象機関（WMO）

1951年に国連の専門機関として発足した。地球の大気の状態と動き、大気と海洋の作用、気候とそれに関連する水資源の分布、関連する環境問題などについて、科学的情報を提供している。「WMOシステム」は、気象、気候、水に関するデータを加盟国間で迅速に交換できるようにしている。本部はスイスのジュネーブにおかれ、187か国と6つの地域が参加している（2023年11月現在）。

■ 積乱雲

大気圏の下層にある積雲が急速に上空へ向かって発達した雲で、通称は「入道雲」。最上部が大気圏の上端に達して横に広がると「かなとこ雲」となる。夕立や ひょうを降らせ、雷・竜巻・ダウンバーストを発生させる。

■ 線状降水帯

次々と発生する発達した雨雲が列をなしてまとまり（積乱雲群）、数時間にわたり同じ場所を通り過ぎたりとどまったりすることでつくられる、雨の降る区域を指す。線状に伸び、長さは50〜300km程度、幅は20〜50km程度で、激しい雨を降らせる。集中豪雨による災害の原因となるが、発生のしくみについては不明な点も多く、研究が進められている。

■ 高潮

台風による海面の上昇。気圧の低下による海面の「すい上げ効果」と強風による「吹き寄せ効果」によって起こる。津波と似ているが、津波は地震によって起こるので、高潮とは別のものである。ただし、湾が細長くて浅い場合や満潮と重なった場合に被害が大きくなることは津波と共通である。

■ 沖積平野

河川や海流などに運ばれて土砂が積もってできた平野のうち、おもに河川の働きによって運ばれたものが積もってできた平野を指す。昔から人が住みつき、集落や畑がつくられてきたが、地盤は強固で

はない。

■ 都市河川

この言葉は、半世紀以上も前に市街地の比較的小さな川が洪水を起こして、都市型水害として問題となってから使われるようになった。まだ都市化が進んでいないときには、降った雨が田畑や未舗装の道路にしみ込んでいたが、都市化の進行によって田畑がなくなり道路が舗装されると、それまで地下にしみ込んでいた雨水が直接川に流れ込むようになり、水害が起こりやすくなったからである。

■ 土木技術

土木は、建設のうち、建物を建てる建築以外の、道路、橋、トンネル、堤防、ダム、港湾などのさまざまな施設をつくることであり、そのための技術が土木技術である。機械化が進んできているとはいえ、自然と直接向き合うことが多いので、その土地固有のさまざまな状況に応じて建設を進めることが必要である。

■ 内水氾濫

河川などの水を外水というのに対して、人間が住む堤防で守られた内側の土地にある水を内水という。豪雨による多量の雨水を、下水道や排水路だけでは処理しきれずに、地上にあふれ出ることを内水氾濫という。大きな河川の水位が上がり、運河や内部河川に水が逆流して起きることもある。

■ 梅雨前線

広い範囲で同じ性質をもつ空気のかたまりが気団で、その境目に前線が発達する。南の暖かく湿った小笠原気団が北に上がってゆくときに、北の冷たく湿ったオホーツク海気団との間に梅雨前線が発達し、小笠原気団が南に下がってくるときに秋雨前線が発達する。

■ ハザードマップ

災害による被害を最小限におさえるために、災害が起こった場合に予想される被害を示すことが基本で、さらに避難経路・

避難場所などが分かるように作成された地図。「ハザード」とは災害を意味する言葉で、水害、地震、津波、火山噴火などさまざまな自然災害について、多くの地方自治体（都道府県・市町村）が作成している。

■ ヒートアイランド現象

都市の中心部の気温が郊外よりも高いこと。気温分布の地図をつくると気温の高い中心部が島のように浮き出ることからこの名がついた。その原因は、郊外に比べて中心部では緑地が少なく建物や舗装道路が多いこと、自動車や冷暖房の利用による熱の排出が多いことなどである。これに対する対策としては、省エネによって熱の発生を少なくすること、緑地や水面を増やすこと、建物や施設を熱が発生しにくい素材や構造にすることなどが考えられている。

■ 渡良瀬遊水地

渡良瀬川が利根川に合流する地点の近くにある遊水池。日本の明治期の環境問題の原点といわれる足尾銅山鉱毒問題の対策の一つとして大正期につくられた。このような歴史とは対照的に、現在では「自然」的な草原・水面が広がり、ラムサール条約登録湿地となっていて、バードウォッチングに訪れる人も多い。

さくいん

さくいん

わかる！ 取り組む！
新・災害と防災

全5巻

①基礎②事例③対策の3段階で、自然災害の発生のしくみから被害、取り組みまでを体系的に整理！
読者が自然災害を正しく理解し、「自分ごと」としてとらえて備えられるように構成しました。

1巻 地震

掲載事例：熊本地震、阪神・淡路大震災、関東大震災、北海道胆振東部地震など

2巻 津波

掲載事例：東日本大震災、南海トラフ地震による津波（シミュレーション含む）

3巻 火山

掲載事例：雲仙普賢岳、御嶽山、桜島、有珠山、富士山など

4巻 豪雨・台風

掲載事例：平成30年7月豪雨、令和元年東日本台風、鬼怒川水害、伊勢湾台風など

5巻 土砂災害・竜巻・豪雪

掲載裏例：広島土砂災害、荒砥沢地すべり、つくば市の竜巻、2022年札幌大雪など

■ 5巻セット（分売可）
　17,600円（本体16,000円＋税）
■ 各巻
　3,520円（本体3,200円＋税）
■ AB判
■ 平均56ページ

執　筆 ● 松本　淳 (東京都立大学 名誉教授)
(執筆順)

坪木　和久 (名古屋大学/横浜国立大学 教授)

久保　純子 (早稲田大学 教授)

海津　正倫 (名古屋大学 名誉教授)

関根　正人 (早稲田大学 教授)

アクティビティ
監修 ● 矢守　克也 (京都大学 教授)

写真・
資料提供 ● 朝日新聞社／宇宙航空研究開発機構 (JAXA) ／江戸川区／海津市歴史民俗資料館／河合孝／気象庁／木下真一郎／共同通信イメージズ／倉敷市／黒澤達矢／
神戸市／国土交通省北海道開発局札幌開発建設部／国土地理院／Cynet Photo ／時事通信フォト／中日新聞社／東海大学情報技術センター (TRIC) ／東京地下鉄／
東京都建設局／毎日新聞社

p.40-41 の「クロスロード」は、チーム・クロスロードの著作物で、登録商標です。「クロスロード」: 商標登録番号 4916923 号、「CROSSROAD」: 同 4916924 号。詳しく
は、矢守克也・吉川肇子・網代剛『防災ゲームで学ぶリスク・コミュニケーション: クロスロードへの招待』(ナカニシヤ出版) などを参照ください。

制作協力 ● 株式会社エディット

この本はおもに 2023 年 12 月現在の情報で作成しています。

わかる！　取り組む！

新・災害と防災

④ 豪雨・台風

・・

2024年 2 月 5 日　印刷
2024年 2 月10日　初版第 1 刷発行

編集者　帝国書院編集部
発行者　株式会社　帝国書院
　　　　代表者　佐藤　清
　　　　〒101-0051　東京都千代田区神田神保町3-29
　　　　電話03 (3262) 4795 (代)
　　　　振替口座　00180-7-67014
　　　　URL　https://www.teikokushoin.co.jp/
印刷者　小宮山印刷株式会社
©Teikoku-Shoin Co., Ltd.2024 Printed in Japan
ISBN　978-4-8071-6702-9　C8325
乱丁、落丁がありましたら、お取り替えいたします。